明日誰かに話したくなる

王家の話 2冠

著者 弥嶋よつば
監修 平松健

EPISODES OF ROYALS
YOU'D FIND YOURSELF TELLING SOMEONE TOMORROW

KADOKAWA

はじめに

やっと歴史を作った数々のボケにツッコめる時が来た、それがこの本なのです……と前作『明日誰かに話したくなる　王家の話』の「はじめに」に書きましたが、なんとその「2冠」を出すことができました。ありがとうございます！

今回も歴史上の人物の体を張ったボケとともにさまざまな王家、そして国家の「終わり」が出てきます。その終わりが近づいた時、王家の人々がどうするかというのは大きな問題です。その時の行動によって、王室メンバーの命の有無さえも左右されてしまうのです。今回はそんな終わりに直面した人々の右往左往する姿が多めに含まれます。YouTubeの私のチャンネル「よつばch」では独身の王族が出てきた時、視聴者様に結婚をおすすめしています。今回はぜひともお住まいの国が滅びそうな時、革命が起きそうな時……そういうピンチの際に本書を参考にしていただくことをおすすめします。とても役立ちますね。

さて、歴史上の人物が可哀想な目に遭うのはなにも滅ぶ時だけではありません。よくあるのが、政略結婚させられたら相手が酷かったというパターンです。王族は離婚もかなり難しい場合が多いので、つらいですね。古代エジプト、プトレマイオス朝の女王ベレニケ四世は別れたいがために夫のセレウコス七世の首を絞めて殺《あや》めたといわれています。そういうパターンもありますが、普通は離婚するためにそんなことをやってはいけません。ちなみに理由は「臭かったから」だと言われています。そんなに臭いことある!?　今回はさまざまな「不幸な結婚」が出てきます。きっと皆さまの結婚を良い意味で見直すきっかけになるでしょう。現代は昔と違って、ローマ教皇に賄賂を渡して特別に

離婚を認めてもらったりする必要はないですし、カトリックでも離婚している人は大勢います。そんな自由な中で結婚を続けているというのは、そこには愛やメリットが必ずあるのでしょう。素敵です。例えば、

「再婚するために私を処刑しようとしない（1章参照）」
「愛人の子が五六人もいない（3章参照）」
「敷地内に愛人が娼館を建てて、運営していない（3章参照）」
「髪型が辮髪《べんぱつ》ではない（2章参照）」

いや、そんな奴いるわけないだろ！　と思うでしょうが、実際にいたのです。ぜひ、パートナーがいかに素晴らしい人なのかを本書で再確認していただきたいです。

　冒頭で、やっと歴史を作ったボケにツッコめる時が来たと書きましたが、それは王族側もきっと同じ。ベレニケ四世だって、夫に「臭ぇな！」とツッコみたかったはずです。ツッコミができれば歴史は変わっていたかもしれない。夫も首を絞められるよりもツッコまれる方がずっと良かったはずです。むしろ忙しい女王である妻に、たまにはツッコミを入れてほしかったでしょう。また、画家が何日も丁寧に描き上げた肖像画が水泳帽をかぶっている（ようにしか見えない）などは、ツッコんでほしいに決まっています（1章参照）。しかし、描かれているのは天下の王族。誰もツッコんではくれません。ましてや笑うなんてもってのほか。あの世はきっと、ツッコミ待ちのまま生涯を終えた人たちで溢れています。そんな彼らに伝えたい。お待たせ！

……と。この本でツッコミ待ちの魂が救われますように。

もくじ

明日誰かに話したくなる
王家の話
2冠

CONTENTS

第2章 中国・愛新覚羅家 89

第3章 フランス・ブルボン家 133

装丁　西垂水敦、岸恵梨香（krran）
本文デザイン　ワークワンダース
イラスト　弥嶋よつば
イラスト着色　エコーインテック株式会社
写真提供　株式会社アフロ
ＤＴＰ　佐藤史子
校正　高橋早奈子、友人社

みるくともなかが世界の王家についてお話していくよ

MIRUKU

みるく

白い子猫（女の子）。もなかと歴史を旅するのと、猫缶が大好き。実は血統書付きらしいが当のみるくは知らない。ただし「あまりにも丸すぎる」という理由で売りに出されなかったらしい。

MONAKA

もなか

柴犬とプードルの血を引く犬《わんこ》（女の子）。みるくの世話係で友達。元は野良だったが「（野生にしては）あまりにも丸すぎる」と優しい人が気を遣ってくれたので人間の家に住んでいる。歴史好き。

第1章

イギリス・テューダー家

第1章 イギリス・テューダー家

※主な登場人物は88ページの家系図も見てみよう。

こんにちは、みるくです。

こんにちは、もなかです。
第1章はイギリス・**テューダー家**。イングランド史上、**最も偉大な王朝**を築いた一族だ。

すごいわねー、何をした王朝なの?

ライバルを処刑したり、妻を処刑したり、異教徒を**処刑**。

全部処刑やないか!

宗教改革によりイギリス国教会を設立するなど功績もたくさんあるんだよ。

処刑で台無しなのよ。

じゃあ、さっそく解説していくわん。

にゃー。

ヘンリー・テューダー

偉大な王朝の祖は**ヘンリー・テューダー**。

まぎれもない偉人なのねー。顔は**普通**だわ。

やめなさい。ヘンリーは一四五七年一月二八日生まれ。父親の**エドマンド**は前年の暮れ、**地下牢**で伝染病にかかり命を落としている。

お父さんが**いきなり捕まっている！**

エドマンドの妻（ヘンリーの母）は**レディ・マーガレット・ボーフォート**。この時まだ**一四歳くらいだ。**

中二！　そりゃ**中学生に手を出したら捕まるわ！**

当時はいいんだよ！　嫌すぎるだろ偉人のお父さんが**淫行で獄中死**してたら。ヘンリーが生まれた時、イングランドは**薔薇戦争**の最中だったよ。

ヘンリー・テューダー。1457～。後のヘンリー七世。

薔薇戦争？

赤薔薇を徽章とする**ランカスター家**と、白薔薇を徽章とする**ヨーク家**が王位を巡って争っていたから薔薇戦争と呼ばれるのさ。テューダー家はランカスター家の傍流だったのでエドマンドはヨーク派に捕らえられていたんだ。

ヘンリーは大変な時に生まれたのね。

ヘンリーも四歳の時にヨーク派の人質として南ウェールズのラグラン城で養育されている。一三歳の時にランカスター派が勝利してやっとロンドンに戻ることができたものの、半年で再びヨーク派が力を取り戻したことでランカスター派は次々と処刑される。ヘンリーは叔父の**ジャスパー・テューダー**とともに船でフランスに亡命中、**嵐**に見舞われてブルターニュ公国へ流れつく。

天気まで大変やん。

ブルターニュ公国の君主**フランソワ二世**はヘンリーを丁重に扱った。ここで外交官フィリップ・ド・コミーヌは、ヘンリーのことをこう評している。

コミーヌ

一文無し。

評してないやん！ 貧しいのを指摘してるだけやん！

平松のワンポイント

【薔薇戦争①】

イングランドは長らくプランタジネット朝が支配しており、リチャード１世やジョン、百年戦争を起こしたエドワード３世などが有名です。リチャード２世が廃位され、ランカスター朝が成立すると、これに反対するヨーク家との間で薔薇戦争が発生しました。

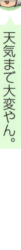

コミーヌ

イングランドの王位請求権など、**誰がなんと言おうと持っていない。**

ヘンリーの母レディ・マーガレットはランカスターの血を引いていたが、庶子の家系である**ボーフォート家**の出身。さらに、ヘンリーの父方の祖母はランカスター家の王**ヘンリー五世の王妃キャサリン**だ。

王妃の血を引いてるなら、王位継承権も持ってるのでは。

といってもキャサリンが夫の死後に、こっそり**寝室係**のオーウェン・テューダーと再婚して生まれた子供がヘンリーの父エドマンド。つまりヘンリーは両親から王家の血を引いているが、**庶子と寝室係**という**微妙な血の引き方**なので王位継承権は持っていなかったのさ。

寝室係ってなんなの。

※秘書みたいなものです。

五年後、ブルターニュ公フランソワ二世は軍事援助と引き換えに、ヘンリーをヨーク派で**肥満**のイングランド王**エドワード四世**へ**引き渡すことに合意**した。

おいフランソワ！

ヘンリーは**イングランド側の護衛に連れて行かれた**……。

肥満の王に処刑されるうう!!

ヘンリーは**仮病**を使って護衛から逃亡。

そんな仮病の使い方あるのね！

無事、**フランソワ二世のもとに戻った。**

めちゃくちゃ**気まずい**んですけど。

既にフランソワはヘンリーを渡したことを後悔していたみたいだから、仲直りできたんじゃないか。

ほんまか？

一方、イングランドはヨーク家の王エドワード四世の手腕によって落ち着いていたが一四八三年に、エドワードが四〇歳でこの世を去った。**不摂生**が原因だと言われる。

肥満だったものね。

王位はエドワード四世の息子で、まだ一二歳の**エドワード五世**に引き継がれた。

かわいい！

弟のヨーク公リチャードもかわいいね。しかし、エドワード四世の弟**リチャード三世**がこの二人

エドワード王子（右）と、弟のヨーク公リチャード(左)。それぞれの生年は1470～、1473～。エドワード4世の息子たち。麗しい。ロンドン塔に消えた時、兄は12歳、弟は9歳だった。

の王子をロンドン塔へ追いやり、**王位を奪った**。二人の王子はロンドン塔で遊んでいるのが目撃されたが、やがて姿を消し**二度と現れることはなかった**のさ。

いやあああああ!! 何してくれとんのよリチャード三世!

エドワード四世の未亡人**エリザベス・ウッドヴィル**とその娘たちも身の危険を感じ、ウェストミンスター寺院へと逃げ込んだという。そして、**リチャード三世に対抗する人物**として名前が急浮上したのが……。

ごくり。

二六歳となっていた**ヘンリー・テューダー、その人だよ**。

ヘンリー! ここで表舞台に出てくるのね!

ああ。母レディ・マーガレットの交渉によって未亡人エリザベス・ウッドヴィルの娘とヘンリーを結婚させて王位の正当性を得ることで、**彼を王位につけよう**という話になったんだ。そんな中、リチャード三世の右腕だった**バッキンガム公**が企てた謀反に参加しようとするが、**嵐**に見舞われて失敗。

いつも天気読むのへたくそ――――!

だが、これでヘンリーはリチャード三世の対抗馬として知名度を上げた。やがてリチャード三世の使者がブルターニュ公国を訪れ、資金と軍事力を提供する代わりに**ヘンリーの引き渡しを交渉してきた。**

またかよ！　でも、さすがに今度はフランソワ二世が断ってくれるわよね。

フランソワはもう**年老いていた**から、側近がイングランドと交渉を進めた。

いつもヘンリーを守ってくれないわねフランソワ！

だが、危機を感じたヘンリーはフランスへ逃亡。フランスはランカスター派の亡命先としておなじみで、ヘンリーはそこでリチャード三世を倒す者として自身を伝説のアーサー王になぞらえ、紋章に**赤いドラゴン**を加えた。

調子乗った**中二病**。

中二病扱いするんじゃない。こうして一四八五年八月一日、ヘンリーは小艦隊を率いてノルマンディーを出発。**リチャード三世との戦いへと赴いた。**

ついに始まるのね、王位をかけた戦いが！

ウェールズ国旗の赤いドラゴン。目つきが可愛い。

ああ。幼いころからヨーク派の人質となり、苦難を**仮病**で乗り切ったヘンリーは、ついに**イングランド国王リチャード三世と対峙**するのさ。

乗り切り方がしょぼいな。でもいよいよなのね！

ヘンリーは途中、継父**スタンレー卿**の支援に期待した。スタンレー卿はヘンリーの母レディ・マーガレットの再婚相手だったんだが、スタンレー卿は**リチャード三世側**についていたんでヘンリーを**スルー**した。

お義父さ――ん！

スタンレー卿は前妻との子供をリチャード三世に人質に取られてたから仕方ないんだよ。一方のリチャード三世は、兵士を前にこう叫んでいたという。

リチャード三世

今日、私は**国王として死ぬ**か、**勝利を手にする**か、そのいずれかだ！

二人とも強い覚悟があるのね。

平松のワンポイント

【サクソン人】

ゲルマン人の一派であるサクソン人（アングロ＝サクソン人）はゲルマン人の大移動で５世紀中頃から大ブリテン島に侵入し、先住のケルト人を征服して七王国をつくりました。この七王国が統一されてイングランド王国が成立します。イングランドの地名は「アングロの土地」から生まれました。

最終決戦

ヘンリーのイングランド上陸から二週間後、決戦の地イースト・ミッドランドで、**ボズワース・フィールドの戦い**は幕を開けた。

がんばれ――!!

大量の砲撃によりリチャード三世は有利に進んだ。ヘンリーの軍勢は五千、国王軍は一万。やはり亡命者の軍よりも国王が強いのは当然のことだったんだ。

どど、どうするの!?

だが両軍が怯まず交戦する中でリチャード三世の右腕だったノーフォーク公が捕らえられると事態は**ヘンリーへと傾いた**。不利になったのを悟ったリチャード三世は、状況を**一気に挽回できる方法**……**敵将ヘンリーを打ち倒すこと**を選んだ。リチャード三世はわずかな騎兵を率いて、ヘンリーの**本陣に向かって突進した**のさ。

リチャードがすごい勝負に出たー!

鬼気迫るリチャード三世の突進に、ヘンリーのそばにいた指揮官も護衛の勇士も瞬く間に斬られた。

ヘンリーが危ない！

その時、動き出したのが**傍観していたスタンレー卿**だ。

お義父さん、**今まで見てただけ**か！

スタンレー卿はついに**リチャード三世を裏切り、**義理の息子ヘンリーを助けるべくなだれ込んだ。**そして……。**

ごくり。

死んだのは、**リチャード三世**だったのさ。

リチャードおおお!!

兜の後頭部が貫通するほどの激しい一撃を受けていた。彼が叫んでいた通りこの日、**国王としてリチャード三世は命を落とした。**継父スタンレー卿はリチャード三世の兜の飾り輪を拾い上げ、ヘンリーの頭上に載せると新しい王の即位を宣言。**新しいイングランド王ヘンリー七世が、ここに誕生**したのさ。

おめでとうー！

薔薇戦争の中で父エドマンドを失い人質として育ったヘンリー、その彼が薔薇戦争を終わらせた。**最終**

勝者として。

すごいわあああ。

勝利したヘンリーの兵士たちは、戦死した敵兵から**金目のものを奪うのに忙しかった。**

新国王を無視すな！

リチャード三世の遺体はほぼ**全裸**のままでレスターに運ばれ、フランシスコ会修道院で晒されたという。

なんでいつのまにか全裸になってんのよ。

金目のものは奪われたからな。そして、リチャード三世の遺体は埋葬されたが記録によると「**犬の死骸を溝に投げ捨てる**」ように雑な感じだったらしい。

ワンちゃんの亡骸は丁寧に埋葬しなさいよ！

ああ、**犬の扱いが一番の問題**だ。こうして十月三〇日、二八歳のヘンリーは**イングランド国王**としてウェストミンスター寺院で戴冠した。一四年ぶりに母レディ・マーガレッ

平松のワンポイント

【薔薇戦争②】

この戦争には多くの貴族・騎士が参戦しましたが、その多くは疲弊・没落してしまい、テューダー朝の絶対王政の道を開くことになりました。

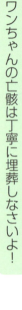

トと再会を果たし、母は驚くほど泣いていたよ。

そりゃ嬉しくて泣いちゃうわよねー。

ヘンリーの**先行きが不安**だったんだろう。

そっちかーい！

ヘンリーは王家の血を引いているといっても**庶子と寝室係**の家系だし、政治経験も乏しい、頼れる血族も所領にも恵まれてない。ゆえにヘンリーの**治世が長続きしそうにない**。

そりゃ不安になるわ！　良いところがないやん。

ヘンリーはエリザベス・ウッドヴィルの娘で**ヨーク家の王女エリザベス**と結婚して王位の正統性を強化。赤薔薇の血を引くヘンリー。そして白薔薇のエリザベス。さらにリチャード三世を打ち倒したことで、ヘンリーは消えたヨーク家の王子たちの魂をも救った。**赤薔薇と白薔薇に平和をもたらした彼は、その象徴としてテューダー・ローズを使ったのさ。**

赤と白が融合した薔薇は平和になった証なのね。

こうして国王となったヘンリー七世は……。

良い王様になってね。

テューダー・ローズ。テューダー家の紋章や徽章に用いられている。

ヨーク家の**残党たちを始末**していくことになる。

平和になってない――――！

ヘンリー七世

というわけで私たちの頭にも**テューダー・ローズが咲いた。**

やったー！

リチャード三世に勝利してから数週間後……。

勝利の栄光に包まれてる頃ね。

リチャード三世の兄ジョージの息子、**ウォリック伯エドワード**を**捕まえてロンドン塔に幽閉**した。

さっそく何してんのよ！

一〇歳のウォリック伯はヨーク家の王位権請求者として最有力だったんだ。

小四！

ヨーク派の貴族たちは、幽閉されたウォリック伯を王位につけようと反乱を起こしたが失敗。数年後、今度はリチャード三世の姉の息子**リンカーン伯ジョン・ド・ラ・ポール**が**シムネル**という少年をウォリック伯の身代わりとして仕立てた。偽ウォリック伯を王位につけるべくリンカーン伯が起こした反乱「**ストーク・フィールドの戦い**」は鎮圧され、リンカーン伯は**戦死**した。偽ウォリック伯の少年シムネルは**見つけ出され**……。

シムネルに罪はないのよ、処刑しないでー！

王室の厨房で**焼き串を回す係**となった。

普通に雇用するのね！

ストーク・フィールドの戦いでヨーク家の残党との戦いは**一段落**。しかし一四九七年、今度はロンドン塔に消えた王子のひとり、ヨーク公リチャードになりすました少年が現れて**反乱**が起きた。

一段落してない。

偽ヨーク公は**パーキン・ウォーベック**という船乗りの息子で一六歳。金髪の美少年だったが反乱は鎮圧されて**ウォーベックは捕らえられ**……、ウェストミンスター宮殿で**見世物**となった。

美少年だからって見世物にすんな！

そんな理由のわけないだろ！　監獄に送られる代わりに反逆者として見世物になっていたんだと思う。普段はヘンリー七世の**衣裳部屋**に住んでいたよ。

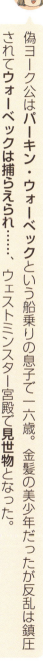

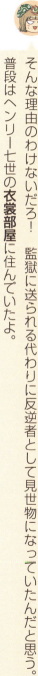

住む部屋じゃないわよ。

だがウォーベックは翌年に逃亡を図って捕まり、**ロンドン塔**に移された。ウォリック伯とウォーベック、

ロンドン塔で囚われ続けた二人だったが一四九九年、ついに**処刑された**。ウォーベックは絞首刑、ウォリック伯は斬首刑で、二人とも**二四歳**だったよ。

小四だったウォリック伯が二四歳になってるやん……幽閉長すぎやん……。

ヘンリー七世が即位して十五年目のことだった。ヨーク家の脅威が終焉し、ようやく心の平穏を得られたのさ。

ふたつの薔薇に**平和をもたらす気ゼロ**だったわね。

ウォーベックへ関与していたという貴族や、ヘンリー七世の寝室係なども陰謀を企てたとして処刑されている。ヘンリーは猜疑心が強く、限られた忠臣しか傍に置かずに臣下たちを厳しく統制した。政敵を始末していった彼を哲学者フランシス・ベーコンはこう呼んだ。

ベーコン

闇の王。

闇！

そんなヘンリー七世だが、面識のあったイタリア大使はかなり褒めている。

大使

痩せて頬骨が張り、黒髪のこめかみに少し白いものが混じっていた（ヘンリーが四〇歳の時の感想）。存在感に溢れ、優雅。国王として欠けているところが何もない。彼ほど魂の平静を得た者はいないだろう！

ヘンリー七世の妻、エリザベスについてはこう言っている。

大使

美人。

急に語彙力を失った。

本当に素敵な人を前にすると言葉を失うんだな。

ヘンリー七世への感想が**饒舌**だったのは……。

イングランドでは議会の権利が強く、国王は法の制約を受ける。だがヘンリー七世は自ら情報収集や帳簿をつけ、次第に国王自身による統制・管理へと変えていった。**絶対王政への道筋を開いた**のさ。国家財政を立て直し、地方を統治するため州に治安判事を置いたり、統治機構を整えたりした。彼は薔薇戦争を終わらせただけじゃない。戦いで疲弊した国家を蘇らせ、**以降のイングランドの礎を築いた**。扁桃腺炎と結核により五二歳でこの世を去ったヘンリー七世。たしかに彼は、**紛れもなく名君**だったよ。

ウォリック伯やウォーベックを処刑したことは**一生許さない**けど、王様としてはすごい人だったのね。

ロンドン塔の王子たちの謎

ロンドン塔に消えた二人の王子、エドワード五世とヨーク公リチャード。それが二〇二三年、古い文書などの研究により**王子たちは生きていて**、王位をかけて**ヘンリー七世と戦っていた**という**歴史的新発見**

がなされたんだ。

えええええ！　嬉しすぎるわ！　……でも、てことは**ヘンリー七世は知っていたの!?**

もちろんだ。実は**ストーク・フィールドの戦い**には兄**エドワード五世**がいて、その後は**消息不明**となっている。そして一四九九年、**処刑**された**パーキン・ウォーベック**は……弟**ヨーク公リチャード**、**本人**に他ならなかったのさ。

本人――!!　そ、そんな……。じゃあ本当に二人を消した**真犯人**はリチャード三世じゃなく……。

ヘンリー七世！

ロンドン塔の王子たちが生きていたら一番困るのは、**王位の正統性が薄いヘンリー七世**だった。テューダー・ローズ……それは**ヨーク家の血に浮かぶ白薔薇**だったのかもしれない。

ふざけんじゃないわよ**処刑してやる――!!**

お前も処刑してどうする！　気持ちはわかるが、ヘンリー七世は視点を変えれば偉大な祖であることに変わりはないんだ……。

アーサー・テューダー

ヘンリー七世の長男が**アーサー**。テューダー家の特徴をよく受け継ぎ長身で面長、鷲鼻、ちょっと瞼が厚めで控えめなタイプ。一一歳の時のアーサーを見たイタリア大使の証言はこうだ。

大使

歳の割に背が高い。美男で優雅、実に堂々とラテン語で弁舌をふるっていた。父親よりも雄弁。

ヘンリー七世は口数が少なかったようだが、アーサーは古典教育や帝王学を学び、宮廷で存在感を放っていた。アーサーは一一歳にして一二歳の**スペイン王女キャサリン**との政略結婚が決まり、婚約するにあたって国内の争いの種を取り除くようにというスペインの要請があったため、ロンドン塔に捕らえられていた**ウォリック伯とウォーベックが処刑**されたのさ。

二人の処刑は**スペインの要請が原因**だったんかい！

スペインの大使ロドリゴはキャサリンの持参金についてヘンリー七世と交渉したんだけど、ヘンリーが**お金にうるさかった**のでこう証言している。

アーサー・テューダー。1486～。ヘンリー７世の長男。慎み深く落ち着きがあり、６歳でウェールズ国境近くのラドロー城にて、学びながら後継者としての道を歩んだ。

ロドリゴ
交渉は**地獄**のようだった。

ヘンリー七世のどこが名君なの？

キャサリンが連れてくる侍女についてもヘンリー七世は、

ヘンリー七世
侍女は美女がいい、**器量の悪い者がいてはいけない。**

これが**名君のわけあるか！**

一五〇一年、一五歳のアーサーとキャサリンは結婚。式で彼女を見た法律家トマス・モアは、キャサリンの美しさを褒め称え、

トマス・モア
キャサリンの**侍女たちを除いて**全てが素晴らしかった。侍女は**地獄から逃げてきた亡命者**のようだ。

スペインは美人を要求するヘンリー七世を不適切だと思い、わざと**亡命者っぽい侍女**を揃えたという。

キャサリン・オブ・アラゴン。1487～。スペイン王女。母イサベルからは「私に似ず容姿やスタイルも平凡」と心配されていたが、ちゃんとかわいい。

平松のワンポイント

【トマス・モア】
宗教改革期の代表的な人文主義者（ヒューマニスト）。『ユートピア』を著しました。エラスムスと親交があったことでも有名。エラスムスの『愚神礼讃』はモアの家で書かれました。ヘンリー８世の離婚問題や首長法制定を批判したことで反逆罪となり処刑されました。

亡命者っぽい侍女を揃える仕返しは笑う。

結婚の祝宴でキャサリンはスパニッシュダンスを優雅に披露。アーサーは夜八時ごろになると婚儀の監督役に促されて**キャサリンの待つ寝室**へと入った。そして、**初夜の翌日**にアーサーは従者を呼ぶと……、

アーサー

昨晩は、スペインの真ん中を覗いてきたのだ。

浮かれた様子で、**下ネタにしか聞こえない発言**をした。

一晩でめっちゃ調子乗ったな!

結婚したアーサーはキャサリンとともにウェールズ国境地帯にあるラドロー城へと移り住んだ。しかし**翌年の四月**、アーサーは**汗かき病**で亡くなった。まだ一五歳だったよ。

変な病気で亡くなってしまった――!!

ウイルス性で、痛みをもたらしながら大量の汗をかいて死に至るという大変な病気なんだよ。まだ一五歳のアーサーが亡くなってしまい、後継者となる王太子はアーサーの弟、**ヨーク公ヘンリー**となった。

ヘンリー王子

アーサーの五歳下の弟がヨーク公の**ヘンリー王子**だ。一〇歳の時には兄アーサーの結婚式で**花嫁の付添**

人をつとめていた。王子は青い目で少し紅潮した頬で活力が漲《みなぎ》り健康的、アーサーとは対照的だったのでキャサリンは驚いたという。祝宴では音楽好きの王子は突然、正装のガウンを脱ぎ捨て軽快な踊りを披露し、かしこまった雰囲気を一変させた。

ほんとにアーサーとは正反対な感じ。

王子が一〇歳の時に兄アーサーが亡くなり、翌年には母エリザベスも死産に伴って三七歳の若さで亡くなってしまった。父ヘンリー七世は深く悲しみ、エリザベスの葬列にも出られないほどだった。ヘンリー王子は仲睦まじかった両親の結婚生活を**理想とし、追い求める**ことになる。**生涯にわたって……**。

ヘンリー七世がそんなに良い家庭を築いていたとは、見直したわ。

ちなみにヘンリー七世は、未亡人となっていた**キャサリンと再婚**しようと企んだ。

台無しやないか！

キャサリンは本来なら祖国に帰るはずだったが、スペインはイングランドとの関係を維持することを望み、ヘンリー七世はキャサリンの**持参金を返したくなかった**んだ。

ヘンリー七世の**悪いところが追加されていく。**

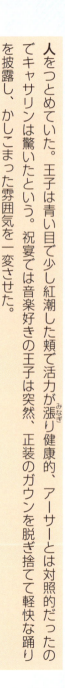

しかし、キャサリンの母イサベルがヘンリー七世から結婚の提案を聞くと、**断固拒否**された。

イサベル
とんでもなく邪悪なこと。

断り方ナイス。

この時キャサリンは**一六歳**、ヘンリー七世は**四六歳**だった。

邪悪すぎる!

王子の結婚

ヘンリー王子は少し平坦な顔のイケメン。小さめの碧眼《へきがん》で、口は小さく形が良い。陽気な性格で兄アーサーと違い母方のヨーク家の要素を色濃く受け継いでいた。未亡人キャサリンとヘンリー七世の再婚話は**邪悪すぎて実現しなかった**ので、**ヘンリー王子とキャサリンが婚約**することになった。

えー!

法的には兄の妻だった女性とは結婚できないが教皇庁と交渉。争点となったのはキャサリンとアーサーの**初夜が成立していたかどうか**で、成立していなければ結婚は無効にできるわけだがアーサーの**あの発**

18歳のヘンリー王子。1491〜。ウォーベックがヨーク公を名乗っていたことで、3歳の時に真のヨーク公として叙任されている。このまま育ってほしい。

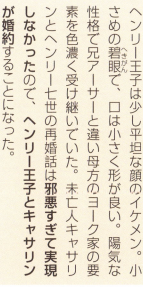

言が問題となった。

アーサーの発言？

アーサー

昨晩は、スペインの真ん中を覗いてきたのだ。

あの下ネタかーーーい！

結局、教皇ユリウスは「キャサリンとアーサーの結婚は性交によって完成していた**かもしれない**」という曖昧なものとし、ヘンリー王子との婚約を認める特赦状を発行。だが、キャサリンの母でカスティーリャ女王だったイサベルが亡くなり、相続は長女**ファナ**に渡りキャサリンの利用価値が低くなってしまったことで**婚約は解消**となる。別の場所で婚約無効を聞いたキャサリンは悲痛な様子だったという。

ひどいわー、アーサーの**下ネタが蒸し返された**だけやん。

ヘンリー王子が一八歳になる年に父ヘンリー七世が亡くなると、王子は**ヘンリー八世**として即位した。

おめでとうヘンリー八世。

そして彼は、ある**重大な決断**をする。

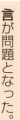

ヘンリー八世

父の遺志に従い、**キャサリンと結婚する。**

キャサリンちゃんと!?

父の遺志と言っているが実際はヘンリー八世の**愛情**によるものだと言われる。父の命令で婚約解消した

ものの音楽好きな彼は、同じく音楽とダンスが好きな可愛いキャサリンにずっと憧れていたんだ。兄の結婚式の日、付添人としてキャサリンをエスコートした**あの日からずっと……**。こうして**一八歳のヘンリー八世と、二一歳のキャサリンは結婚。**

おめでとう――！　白馬の王子様みたいね。

46歳頃のヘンリー8世。どうしてこうなった。多才で万能な人物が理想とされたルネサンス期にぴったりの「ルネサンスの王」ではあった。

誰やああああああ！

これは四〇代のヘンリー八世だから。

四〇代になったからって**こうはならんやろ！**

なっちゃうものは仕方ないだろ。ここから彼は**太ったおじさんへの道**を歩み始める。

王としての道を歩んで！

平松のワンポイント

【ホルバイン】

このヘンリー８世を描いたのは、ルネサンスを代表するドイツの肖像画家ホルバインです。彼はトマス・モア、エラスムスなどの多くの肖像画を書き、ヘンリー８世の宮廷画家となりました。

ヘンリー八世

戴冠式の前後で、音楽好きのヘンリー八世が**作った楽曲**がある。

ヘンリー八世

私の気晴らしは狩りと歌、踊り♪　みなが立派な気晴らしで我が心のよりどころ♪　私のやりたいことを誰が邪魔できようか～♪

作詞もするんかい！

歌もうまく、学問や語学も堪能で優れた騎手、馬上槍試合でも達人だったヘンリー八世は後年、**ルネサンス君主の一人**として評価されている。栄誉欲の強い彼はフランスを打ち負かすことを目指して教皇ユリウス二世、神聖ローマ皇帝マクシミリアン一世、義父でスペインの王フェルナンド二世らと**神聖同盟**を結成してフランスに挑むも**失敗**。

失敗かよ。

だが一五一三年には自らフランスに攻め入り、フランドルの要地トゥルネー占領を果たしている。留守にしていた間のイングランドにはスコットランドが攻め入ってきたが、トマス・ハワード（後のノーフォーク公）が指揮するイングランド軍が勝利をおさめた。これが一五一三年の**フロドゥンの戦い**だ。

勝利続きで順調ね。

妻キャサリンは死産や流産が確認されているだけでも七度で、なかなか子供が育たなかったが結婚から七年後、ようやく長女**メアリー**が誕生した。

おめでとうー！ よかったわねキャサリンちゃん！

ヘンリー八世はフランスの**フランソワ一世**と対立していたが、一五一九年初夏、和解に向けてイングランドで会談を開くことになった。ヘンリー八世はかなり意気込んでいて、フランソワと会うまで**ヒゲを剃らない**と決め、妻のキャサリンは毎日**ヒゲを剃るよう懇願**したという。

よほど似合ってなかったのね。

ヘンリー八世

国王の友情は**ヒゲではなく心に宿る**ものだ……。

そう自分に言い聞かせながら仕方なくヒゲを剃ったという。結局、会談は延期されて**翌年の夏**となった。

ヒゲを伸ばし続けていたら**大変なことになってた**やん。

キャサリンのためにヒゲを剃っていたヘンリー八世だったが、五年後の一五二五年、三四歳になる頃には**夫婦間に亀裂**が生じていた。彼は男子の誕生を望んでいたんだけど、キャサリンとの間には娘のメアリーしか育つことはなかった。彼の理想は両親であり、そこには夫婦の愛だけでなく**息子**の存在もまた必要不可欠だったのさ。

そういえば四〇代のヘンリーはヒゲ生えてたわね。**キャサリンちゃんの好みを無視してたってことか！**

この時期、ヘンリー八世は愛人エリザベス・ブラントとの間にできた**息子**のヘンリー・フィッツロイを**リッチモンド公爵**に叙している。

息子おるんか――――い！

庶子が貴族に叙されるのは極めて異例であり、ヘンリー八世はこの子を後継ぎにしたいと考えていた。**リッチモンド公**はこの時六歳で、イケメンに成長するよ。

ヘンリー八世も若い時はイケメンだったものね。……**変な奴出たあああああああ!!**

やめなさい。

プール上がりの水泳選手やないか！

リッチモンド公爵ヘンリー・フィッツロイ。1519～。ノーフォーク公トマス・ハワードの娘メアリー・ハワードと結婚。水泳帽公爵と呼びたくなるが、たぶんナイトキャップ。

さすがに水泳帽じゃないだろ！　一五二七年、結婚して一八年目。敬虔なキリスト教徒だったヘンリー八世は、やがて世継ぎができないのは**兄の妻と結婚したから**ではと思うようになる。旧約聖書では**兄弟の妻と関係を持つのは汚らわしいこと**とされているのさ。

結婚一八年目で今さら何を言ってるのか。

そして彼は、**キャサリンとの結婚は無効**だと主張を始めた。

陰には**愛人**の存在があった。それはキャサリンの侍女でノーフォーク公の姪、**アン・ブーリン**だったのさ。

おおおおーーーい！！！

アン・ブーリン

諸説あるが、この時アン・ブーリンは二〇代中盤。ヘンリー八世は結婚無効を言い出した前年の秋にはアン・ブーリンに**ラブレター**を送っていた。自らが射止めた**鹿の肉を添えて**。

添えるものがおかしい。

アン・ブーリン。1501頃〜。フランスでも７年間侍女として過ごした経験があり、洗練された振る舞いをする。気が強く、ヘンリー８世とも喧嘩する。

アンを公式愛妾にして一生その地位を保証するとしたが、アンがヘンリー八世になびくことはなかったんだ。既に**アンの姉メアリー**がヘンリー八世と**愛人関係だった**ことがあり、**三年で捨てられていた**から同じ目に遭うのはまっぴらだったのだろう。

ヘンリー八世が最悪すぎる。

アンと親交のあった聖職者によると、

聖職者

メアリー（アンの姉）の方が美人だがアンは表情豊かで雄弁、優雅で**そこそこ**美しい。

微妙に失礼な気がする。

ヴェネツィア大使によると、

大使

背は中くらいで浅黒く首が長い。口は大きくて瞳は黒く美しい。**胸はあまり豊かではない。**

きっしょ。

絶世の美人ではなくとも、音楽の技能やウィットに富んだ会話力を身につけた魅力的な女性だった。アプローチをスルーしていたアンだったが一五二七年の夏、ヘンリー八世がキャサリンと離婚してアンを

正妃にしようと本気で考えていることを悟り、**求愛を受け入れる**。

やめといた方がいいわよ！

カトリックは離婚を禁止しているので結婚自体を無効にする必要があるんだけど、**問題**があった。

アーサー

昨晩は、スペインの真ん中を覗いてきたのだ。

また出た――――!!!

アーサーの下ネタが**いつまでも物議をかもしている**。

どんだけ下ネタを蒸し返すのよ！　アーサーも天国で**めちゃくちゃ恥ずかしい**でしょうね！

ヘンリー八世は以前とは逆に、**下ネタを根拠**に**アーサーとキャサリンの初夜は成功している**とし、自分との結婚は無効であるとした。しかし、キャサリンは決して認めようとせず、**夫への愛は決して変わることはなかった**。結婚が無効になれば一人娘のメアリーが私生児となってしまうので絶対に認めるわけにいかないという理由もあったんだろう。結婚問題がなかなか進まないことでアンとも喧嘩が多くなり、結婚無効が成立しないまま一五三二年、**アンは妊娠**。

子供できたー！

ちなみにヘンリー八世とアンの**性的な関係**については**近年、見直されている。**

どこ見直してんの。

アンはいくら迫られても、結婚の成立が見えてきたこの時期まで体を許さなかったというのが定説だった。しかし、近年の研究では**付き合い始めにも性的関係があった**とされている。

なんでそんな**下ネタな研究**を……。

しかし、キャサリンとの結婚は神の掟に反すると主張している最中に**愛人と子供を作ったら説得力がなくなる**ということで、ヘンリー八世の方から**性的関係は慎むよう提案**したという説が出てきたんだ。

既に愛人と子供作ってたやないか！

リッチモンド公

僕がいるんですよねぇ。

生まれてくる子供を私生児にしないためにも結婚を急ぎ、ヘンリー八世は結婚無効を認めないローマ教皇庁から離脱して**新たに英国国教会を創立**。イングランド国内において国王が宗教、政治で最高の首長であるとし、誰の命令も受けることのなくなったヘンリー八世はついに**アンと結婚した**のさ。

ヘンリー八世

私のやりたいことを誰が邪魔できようか～♪

歌うな！

アンがヘンリー八世の求愛を受け入れてから六年、やっと**アンは正妃となった。**

おめでとうアンちゃん！

そうしてアンは女児の**エリザベス**を出産した。あれほど男子を欲しがっていたヘンリー八世だからめっちゃガッカリしたと予想されるが、そういう記録はない。アンは産後も元気でまだ二〇代前半、これから男子を生むこともできると考えていたのかもね。長女の**メアリーを庶子に格下げ**し、王子が生まれない限りはエリザベスに王位継承権を与えるとしたが、これに反対したロチェスター司教フィッシャーやトマス・モアは**斬首刑**に処された。

玉座と電気椅子を交換しよ。

絶対バレるだろ。そんな中、庶子**リッチモンド公**が肺結核で**この世を去った。**まだ一七歳だったよ。

リッチモンド公――――！！！

そして、ヘンリー八世とアンの結婚から約二年半後の一五三六年一月、隠棲させられていた**前妻キャサリンもこの世を去った。**四九歳だったよ。

キャサリンちゃーん！！！

四年も愛娘メアリーと引き離され、胃がんを患っていた彼女は激痛に耐えながら最期まで**イングランド王妃であることを諦めなかった。**カトリック教会と絶縁したヘンリー八世の魂が救われることを願い、彼を愛し続けていたのさ。**キャサリンの想いだけは誰にも変えることはできなかった、ヘンリーでさえも。**

うぅ、立派な王妃様だわキャサリンちゃん……！

キャサリンの訃報を聞いたヘンリー八世は……。

さすがに悲しんだでしょうね、泣け！

ヘンリー八世

神が争いの不安から解放してくださったあああ！

めっちゃ喜んだ。

斬首してやる――！！！

電気椅子使わないのかよ！

キャサリンに不当な扱いをしていたヘンリー八世は、キャサリンの甥で神聖ローマ皇帝**カール五世**に侵攻される恐れがあった。しかし、彼女が亡くなったことでその心配からも解放されたんだ。キャサリンの死からしばらくしてヘンリー八世は馬上槍試合で落馬、**馬の下敷き**になって二時間も意識を失っている。

馬は大丈夫だった？

この五日後、夫が死にかけたことにショックを受けたせいか**アンが流産してしまう**。アンの流産は二度目で、子供が男児だったことでさらにヘンリー八世は落胆し、冷たく言い放った。

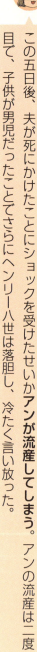

ヘンリー八世

神は私に男児をお授けにならないのだな。

アンちゃんをもっと気遣いなさいよ！

この頃のヘンリーはもう、アンの侍女**ジェーン・シーモアに恋していた……**。

この野郎！

ジェーンに、金貨のつまった財布に**ラブレターを添えて**送っていたという。

鹿の肉を添えろ。

財布と鹿の肉だけもらっても意味わからないだろ。ジェーンは二八歳頃でアンのはとこでもあったが、激しい性格のアンとは対照的に口数少なく控えめで従順。青ざめて見えるほどの色白で金髪なところも浅黒なアンとは正反対だった。そして**約二か月後……**。不倫と近親相姦の罪で**アンが逮捕された。**

はああああ!?

アンの不義の相手として宮廷楽師スミートン、ヘンリーに仕えるノリス、アンの弟ジョージ・ブーリンが逮捕されたのさ。

アンちゃんが不倫とかするはずないわ！

ああ。これはヘンリーがジェーンと結婚するため、アンを排除しようと**でっちあげた罪**だったと言われる。

もう一回ヘンリー八世を**下敷きにして――!!**

馬を連れてくるな！　……スミートンとノリスは斬首刑に処され、**アンと弟にも死罪**が言い渡された。五月一九日、アンはロンドン塔の断頭台に上った。ヘンリー八世はせめてもの気遣いでフランスから**腕の良い死刑執行人を呼び寄せ**、斧ではなく苦しみの少ない**剣での斬首**にしたという。

お前のせいで処刑されるのに気遣うところおかしい！

アンはヘンリー八世への感謝の言葉を述べた後、剣の一撃で断頭台に散った。**わずか一〇〇〇日間の王妃**だったよ。そして、ヘンリー八世は宮殿の小さな礼拝堂でジェーンと**ささやかな結婚式を挙げた。**

お前は何しとんねん！

アンとの結婚はアンの不義を理由に無効とし、ジェーンとの結婚のための特赦状は**アンの処刑当日に発行**されていたんだ。

死刑執行人って**私にも雇えるかしら？**

ジェーン・シーモア

ヘンリー八世の三人目の王妃ジェーンは優しく同情心が深い人で、侍女となっていたメアリーの立場を元に戻すよう訴えていたという。メアリーとエリザベスという二人の娘にも優しい王妃ジェーンとともに、ヘンリー八世は穏やかな生活を送った。そして結婚の翌年、ジェーンは**男児を出産**。

ええぇ、**男児が生まれたー!!**

世継ぎを望み最初の妻キャサリンを捨ててから一〇年。ヘンリー八世は**ついに王子をその腕に抱いたのさ**。

キャサリンちゃんとのことは**一生許さない**けど、誕生はめでたいわねー。

男児は**エドワード**と名付けられ、ヘンリー八世は大喜び。**しかし……**。

え?

体調を崩していた**ジェーンが出産の二週間後にこの世を去った**。まだ二九歳だったよ。

ジェーンちゃーーーん! 優しくて素敵な子だったのに……!

分娩後の癒着胎盤と大量出血、感染症により助からなかった。ヘンリー八世は**嘆き悲しみ**、ジェーンと結婚式を挙げたホワイトホール宮殿の一室に引きこもったという。見事に男児を産み、移り気なヘンリー八世の愛が冷める前にこの世を去った。ジェーンは**あまりにも完璧な王妃**だったのさ。

ジェーン・シーモア。1508～。ヘンリー８世の３番目の妻。最初はヘンリー８世からの贈り物を返していたが、やがて受け入れる。

死ぬことで完璧な王妃になるなんて悲しすぎる。ヘンリーが初めて奥さんの死を悲しんだわね……。

二年後には次々と新たな花嫁候補がピックアップされ、ヘンリー八世も**縁談に前のめり**だった。

すっかり立ち直って**再婚する気まんまん**かよ！

アン・オブ・クレーヴズ

新たな花嫁として選ばれたのはユーリヒ・クレーフェ・ベルク公の娘で**二四歳**の**アン・オブ・クレーヴズ**。この時ヘンリー八世は**四九歳**。

アンちゃん、**和歌山**に行きましょ。

アンを和歌山に逃がすな。ヘンリー八世は宮廷画家ホルバインが描いたアンの肖像画を気に入っていたといい、イングランドへ向かう途中のアンのもとへ**変装して会いに行った**。その時アンはロンドンまで約四〇キロ地点のロチェスターの庭で開催していた**牛いじめ**を見ていたという。

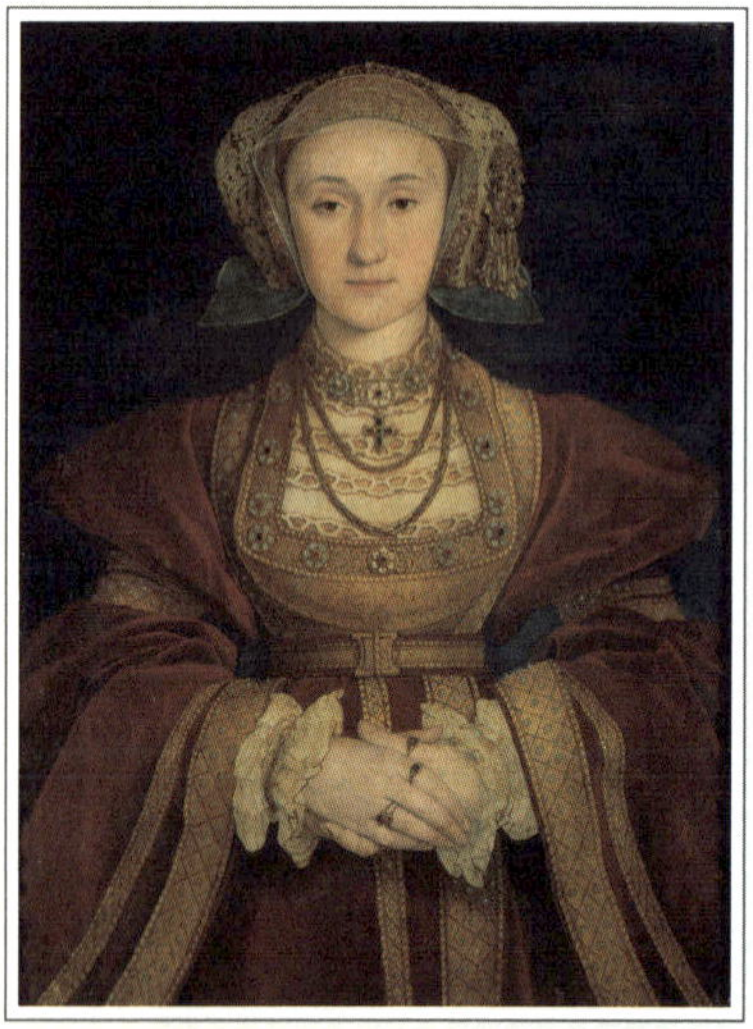

アン・オブ・クレーヴズ。1515～。ヘンリー８世の４番目の妻。この肖像画が実物より美化されすぎてヘンリー８世が怒ったといわれるが、実際は他の妻と比べても見劣りしない容姿だったらしい。

見てるものが**唐突におかしすぎる**。

牛いじめとは雄牛と猛犬を闘わせる**血なまぐさい催し物**だ。その最中に**紳士に変装**したヘンリー八世が、

変装ヘンリー

国王からの贈り物です。

と言って贈り物を差し出したが、アンはまさか**国王本人**だとは思わないので、受け取ってすぐ**牛いじめの観賞に戻った。**

そりゃ太った紳士より**牛いじめの方が大事**よね。

つれない態度に不満を感じたヘンリー八世が正装して再び現れるとアンは驚いて立ち上がり、深々と頭を下げたという。ヘンリー八世はのちに宰相のクロムウェルに、不満を漏らしている。

ヘンリー八世

思っていたのとは全く違う女だった。

アンの肖像画はさほど美化されていないようだが、アンの態度で**プライドが傷ついた**ヘンリーは難癖をつけた。

実物を見てショック受けたのは**アンちゃんの方**よ！

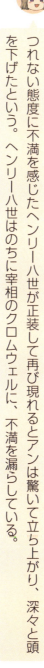

今さら結婚話を取り消すわけにもいかないので二人は**結婚**。

取り消せ。

だが初夜の翌日。

ヘンリー八世

前からいけ好かない女だったがもっと嫌になった。**腹と胸をさわってみたが処女ではないぞ。**

きっしょおおおお!

語学堪能なヘンリー八世と違ってドイツ語しか話せず、音楽にも造詣がないアンをあまり魅力的に感じなかったとも言われる。そのうちヘンリー八世は**アンの侍女に夢中になった。**

こいつ**すぐ侍女を好きになる**わね!

やはり侍女は**亡命者みたいな子で揃えるべき**だったな。アン・オブ・クレーヴズは結婚から半年でリッチモンド宮殿へ移され、その二週間後にヘンリー八世が**離婚を望んでいる**ことを聞かされた。表向きの理由はアンがかつてロレーヌ公の子息と婚約していたことだとされ、アンは抵抗せず受け入れた。

そりゃ**抵抗したら処刑される**かもしれないものね。

ヘンリー八世は離婚を承諾してくれたアンに感謝し、「王の妹」の立場とリッチモンド宮殿、さらにブレッチングリーの宮殿をアンに下げ渡した。それでも、アンは離婚がショックで、指輪を使者に渡すときに無念さをあらわにしたという。

アン・オブ・クレーヴズ
もう何の価値もないんだから、粉々に砕けてしまえばいいのに……！

大丈夫、相手はヘンリー八世なんだから**完全にこれで良かった**のよ。

その後もアンは奇跡的に優雅な生活を送ることができたのさ。

キャサリン・ハワード

ヘンリー八世がまた夢中になった侍女は**キャサリン・ハワード**。**一九歳**だ。

女子大生の年齢！

アン・ブーリンのいとこであり、ジェーン・シーモアのはとこでもある。

その一族ばっか手を出すなよ！

ヘンリーの側近トマス・クロムウェルはアン・オブ・クレーヴズとの結婚話を進めたことでヘンリーから嫌われ、そこをノーフォーク公につけ込まれて告発された。一五四〇年七月二八日、手紙で必死に慈悲を訴えていたがヘンリー八世は気にせず、クロムウェルは**断頭台に散った**。**同じ日**、ヘンリーは**キャ**

サリン・ハワードと結婚。

どんな日に結婚しとんねーん！

処刑と結婚を同時進行する癖があるようだ。

そんな癖がこの世にあるのか。

ヘンリー八世は新しい妻を、こう呼んでいた。

ヘンリー八世

トゲのない薔薇！

太ましいヒゲ。

やめなさい、対義語にもなってないし。結婚から半年後、彼は**鬱状態**に陥っている。五年前、**馬の下敷き**になった後遺症で激しい頭痛が起こり精神を蝕んでいたと言われるのさ。ヘンリー八世の気性が荒くなっていったのは**ここに原因**があるという見解があるんだ。

下敷き前から問題のある奴だったけどなぁ。

一五四一年四月、宮殿に引きこもっていたヘンリー八世が回復して北部巡行に出発。それから戻るとカンタベリー大司教**トマス・クランマー**からの手紙で、妻キャサリン・ハワードが過去に**不適切なことを**

キャサリン・ハワード。1521 ～。ヘンリー8世の5番目の妻。アン・ブーリンと同じくノーフォーク公の姪。

していたと告発を受ける。

クランマー：王妃は少女時代に行儀見習いで住みこんでいた屋敷の執事役**デレハム**と、ベッドを**百夜共にしました**。

聖職者がこんな手紙を書くなよ。

クランマー：音楽教師マノックスは、**王妃の秘部を知っている！**

黙れよもう！

ヘンリー八世は告発を信じなかったが、クランマーの説得により極秘で調査の開始を命じた。ヘンリー八世は妻が**純真無垢**だと信じていたんだ。

自分は**五回目の結婚**なのに!?

過去の恋愛相手とされたデレハムとマノックスは厳しい取り調べを受けた。

デレハム：裸になって**六～七回**、ベッドを共にしました。

百夜ではないのね。

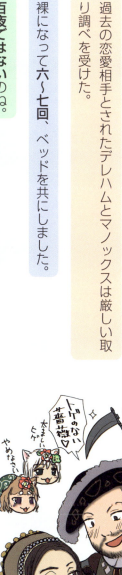

マノックス

王妃の秘部を知っています。

ほんとに知ってたんかよ！

ヘンリー八世はショックを受けてしばらく言葉を失い、人目もはばからず泣いた。妻キャサリン・ハワードも審問され、過去の行いを認めざるを得なかった。

キャサリン・ハワード

国王陛下のご慈悲にすがりたいです。

彼女はヘンリーの情けにすがった。といっても結婚前の話だし、ヘンリー八世もまさか若い妻を処刑しようとはしなかったが、キャサリンは**修道院に幽閉**され、**王妃の称号を剥奪**された。

過去の話なのにー！

これで終わればよかったんだが、**王妃の秘部を知っているだけのマノックス**は釈放されたものの、デレハムは過酷な拷問の中で「**結婚後も王妃と関係がなかったか**」と執拗に問い詰められて、こう告白した。

デレハム

王妃の関心は**トマス・カルペッパー**に移っている。

誰？

カルペッパーはヘンリー八世の臣下で、イケメンだが素行の悪い人物。キャサリンは何度か彼と密会したことを認めたが、侍女のロッチフォード夫人とカルペッパーに無理強いされただけだと言い訳した。ロンドン塔に捕らえられたカルペッパーは肉体関係は認めなかったが、**王妃と関係を持ちたいと考えた**

ことがあるかという問いには、

カルペッパー

王妃もそのように考えていたでしょう。

なに言ってんのこいつ！

デレハムとカルペッパーは大逆罪により、**死刑となった**……。

ぎゃー！

カルペッパーはヘンリーの臣下だったので斬首刑で済んだが、デレハムは絞首されたのち瀕死の状態で体の一部を切断、凄惨な最期を迎えた。そして、**キャサリンもまた斬首刑を宣告された。**

いやあああ！！！

侍女ロッチフォード夫人もカルペッパーと王妃の関係を幇助したとして斬首刑となった。死刑宣告に大きく動揺したキャサリンだが次第に落ち着き、執行の数日前には断頭台の実物を独房まで持ってくるよう求め、予行演習をしたという。そして、二月一三日の午前七時過ぎ……。

キャサリン・ハワード

私を反面教師にして不信心生活を改め、すべてにおいて喜んで国王に従ってください。

そう言い残し、断頭台に首を預けた彼女は**まだ二〇歳にもなっていなかった。**

キャサリンちゃーん！　またヘンリーの奥さんが死んでしまったぁ！

まだ若い彼女が**五〇歳の太ましいヒゲ**を愛することは難しかったんだ。若い美男と関係を持ってしまったのはそりゃダメなことだけど……。

きっと、まともな夫だったらキャサリンちゃんは不倫なんてしなかったのよぉぉ。

傷心のヘンリーは政治をすることで気を紛らわし、カール五世と友好関係を築き、フランスとの戦争では講和、スコットランドとの戦争では勝利。皮肉にもこの時期、**もっともヘンリーは政治力を発揮した。**

キャサリン・パー

一五四三年、五二歳のヘンリー八世は**また結婚しようとした。**

もうええわ――――!

相手は二度も夫に先立たれた裕福な寡婦**キャサリン・パー**。頭が良く落ち着きがあり、病身で高齢の夫を看取ったことのある彼女は、衰えたヘンリー八世には理想的だった。過去のことを咎められて最終的に処刑されたキャサリン・ハワードのことがあるんで、未婚女性は怖がって**ヘンリー八世との結婚を嫌がった**というのもある。

キャサリン・パー。1512～。ヘンリー8世の6番目の妻。高度な教育を受け、ダンスが上手く華やかな衣装も好き。気配り上手でヘンリー8世の子供たちの教育にも熱心だった。

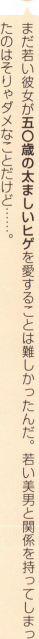

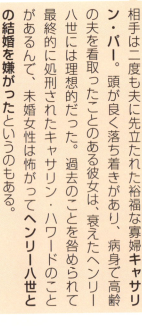

嫌なのはそれだけじゃないでしょ。

キャサリン・パーはヘンリー八世の娘メアリーの**侍女**だったよ。

この侍女好きをなんとかしろ！

ヘンリー八世がプロポーズした時、キャサリン・パーは二番目の夫ラティマー卿の**喪中**だった。

ヘンリー八世：レディ・ラティマー。私の妻になってはもらえないか。

断る。

お前が断るな。キャサリン・パーは最初、**もちろん**嫌がっていたが、諦めてプロポーズを受けたという。

今からでも逃げましょ。

彼女はヘンリー八世の三人の子供たちにとっても最高の母親になってくれた。最大の功績は庶子扱いだった**メアリーとエリザベスの相続権を復活させた**ことで、二人はエドワード王子に次ぐ**王位継承権も復活**することとなったのさ。

すごいわー！

そんなキャサリン・パーも**処刑されかける**。

彼女はプロテスタントを深く信仰していて、侍女たちと熱心に議論していた。ヘンリー八世はその様子があまり好きではなかったらしく、それにつけこんだカトリックの聖職者スティーブン・ガードナーが、彼女を**異端の疑いあり**と告発したんだ。そして、ヘンリー八世は妻の**逮捕令状に署名した**……。

はー!?

いやああ処刑される――!!

令状が出ていることを知ったキャサリン・パーは取り乱し、その様子を見たヘンリー八世は**妻を慰めた**。

お前が署名したんやろが!

この時キャサリンは一応許されたんだけど、まったく安心できない彼女はヘンリー八世の寝室を尋ね、

キャサリン・パー

あなたはこの地上で神に次ぐ存在。最高の首長で統治者である陛下のお知恵にすべてを委ねます。私は女という性別に伴う弱さ故、不完全さを運命づけられた哀れで愚かな女にすぎないのです。

ヨイショするとともに、自らを徹底的に卑下し、完全に和解することに成功。ヘンリー八世はキャサリン・パーを**抱き寄せると優しくキスした**という。

オエエ、**処刑も同然だわ。**

専制君主の最期

一五四七年一月、ヘンリー八世は**危篤状態**となっていた。腎不全もしくは骨髄炎と言われ、彼に仕える近習長デニーから慣習に従い、これまでに犯した罪に思いを致すよう促されると、

ヘンリー八世：神の御慈悲は**私の罪をすべて赦すこともできる**だろう。

赦さんわ。

ヘンリー八世：**あまりに大きな罪**であるが……。

妻を二人も処刑し、罪深いことをした自覚はあるようだ。臨終に際して誰に会いたいか尋ねられると、

ヘンリー八世：クランマーに会いたいが、まずは眠りたい。そのあと、気が向いたら話をしよう……。

最期の言葉だった。間もなく意識を失った彼は静かに、**何の苦しみもなくこの世を去った**。五五歳だったよ。

最期まで何の反省もない奴だったわね。まったく罰を受けてないから私が**ぶん殴っておくわ。**

やめなさい、もう死んでるんだから。暴君のイメージが強いが、現在でもヘンリー八世が設立した国教

会は英国王室に信仰されている。絶対王政を確立し、スコットランドやアイルランドでの統治権も行使した。**イングランドが大国となるための道筋を作り上げた君主**だったのさ。

そうだったのね。**許さないけど。**

最初の妻キャサリンの子供がなかなか育たなかったのはヘンリー八世が**梅毒**だったせいと言われていたが、記録などの研究から**現在は否定されている。**

落馬した時にもっと**馬がしっかり踏んでくれていたら、**奥さんたちの不幸を防げたのになぁ。

エドワード六世

ヘンリー八世の後を継いで長男エドワードが、**九歳**で**エドワード六世**として即位した。

かわいい**小三**ね。

背が高くて明るい性格、聡明で優秀な男子だったが**まだ小三**なんで、実権を握ったのはエドワード六世の伯父**サマセット公エドワード・**

エドワード6世。1537～。誕生日の10月12日がイングランド王室の守護聖人エドワード証聖王の祝日の前夜だったことが名前の由来。だんじり祭りの前夜だったら？

シーモアだった。サマセット公は枢密院議員と協力して摂政となったが、彼の弟**トマス・シーモア**が**キャサリン・パーと結婚**すると状況が変わった。

キャサリン・パーちゃんてヘンリー八世の最後の奥さんよね!?

ああ。キャサリン・パーとトマスはかつて恋人関係だったんだけど、彼女と結婚したい**ヘンリー八世に引き裂かれていた**んだ。

ほんと余計なことするわねヘンリー八世!

キャサリン・パーは王女エリザベスの面倒を見ており、さらにヘンリー八世の妹メアリーの孫娘**ジェーン・グレイ**の後見人となっていたためトマスは影響力を増していた。野心家同士のサマセット公とトマスに亀裂が入る中、**トマスがエリザベス王女の寝室に出入りしている**というスキャンダルが起きる。

寝室係でもないのに!?

トマスは**三九歳**で鍛え上げられた肉体を持つイケメン、エリザベス王女は**一四歳**だった。

おまわりさんこいつです!

通報するんじゃない。

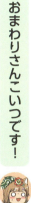

妊娠中だったキャサリン・パーはエリザベスを追い出し、出産後に**産褥熱《さんじょくねつ》で亡くなった。**まだ三六歳だったよ。

男運のない女性だったけど、天国では思う存分**ヘンリー八世をぶん殴ってね……。**

トマスとはわずか一年半ほどの結婚生活だったが、短い間でも引き裂かれた恋人と結婚できて幸せだったと思っているといいね。その夫は**王女の寝室に出入りしていた**けど……。

男運ないー！

翌年、トマスは兄のサマセット公に勝つためエドワード六世を誘拐しようと**寝室に侵入。**

寝室に入ってばっかりか！

すると……。

ワンワンワン！

もなか、どうしたの!?

私じゃない。エドワード六世が飼ってる**コッカースパニエル**が吠えたのさ。これにより、**トマスは逮捕。**
ちなみにトマスは、吠えたコッカースパニエルを**撃ち殺している。**

この野郎———！！！

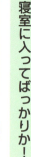

もちろんトマスは**処刑**された。罪状は国王への反逆罪だが**犬を撃ったから当然**だ。トマスの処刑を決定したのは**兄のサマセット公**で、仲が悪かったとはいえ決断に一週間かかったことから迷いがみえる。

迷わなくていいのよ。

サマセット公は庶民に寄り添う政治で人気があったが、貴族からは嫌われていた。その隙につけこんだのが**ジョン・ダドリー**だ。

誰？

シーモア家出身の妻を持つ貴族で、反サマセット公の貴族たちを味方につけて反乱を起こした。サマセット公はエドワード六世の**寝室に侵入**し、誘拐して逃亡。

エドワード六世の寝室、**どんだけセキュリティ弱いの！**

結局、サマセット公は捕らえられ、王を誘拐したとして**斬首刑**に処された。その日、エドワード六世の日記にはこう記してある。

エドワード六世

サマセット公は今日、**朝八時から九時**の間に首を落とされた。

けっこう朝から処刑してる。

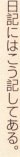

エドワード六世

野心、虚栄、貪欲。**彼は主人公になりたかったのだ。**

ぜんぜん同情してなさそう。

サマセット公の亡き後、実権を握ったのは**ジョン・ダドリー**。出世して**ノーサンバランド公爵**となっている。エドワード六世はプロテスタント化への意向が強く、ダドリーも次第に改革的な宗教政策を採るようになっていく中で一五五三年初頭、**エドワード六世が病気**になる。結核だと考えられ、重篤な状態になり改革派は混乱に陥った。エドワード六世の次の王位継承者は母親違いの姉、**メアリー王女**。彼女は敬虔なカトリック信者で、メアリーが王位に就けばプロテスタント政策をしてきた**ダドリーの失脚は間違いなし**。そこで、五月になるとダドリーは**息子のギルフォードとジェーン・グレイ**を結婚させたのさ。

なんでジェーンちゃんと!?

ダドリーは義理の娘となったジェーン・グレイを**王位に就けようとしていた**のさ。テューダー家の血を引くジェーン・グレイは熱心なプロテスタントであり、**王位継承順位も四位だったんだ。**一位のメアリー王女と二位のエリザベス王女は庶子の身分のままであることを理由に継承させず、次にジェーン・グレイの母フランセスに権利を譲らせればジェーンの**順番が回って来る。**

ジェーン・グレイ。1537～。母親のフランセスとメアリー（1世）は従姉妹で友人でもあったため、メアリーはジェーンに配慮していたが……。

強引すぎる！

病床のエドワード六世はもともとカトリックのメアリーが国王になることに不安を感じており、ダドリーの思惑を支持して**ジェーン・グレイへの王位継承を認めた。**行政・司法機関である枢密院も国王の意向となれば認めざるを得ず、そして一五五三年七月六日、**一五歳のエドワード六世はこの世を去った。**

多くの犠牲を払って生まれた男の子がそんなに早く亡くなってしまうなんて。

悲しいな。生きていれば良い王様になって、父親に似て**六回ぐらい結婚してたかもしれない**のに。

そう考えると悲しくないやん！ 不幸な妻を出さずにすんで良かったと思ってしまうやん！

九日間の女王

女王になったことを、当の**ジェーン・グレイは何も知らなかった。**

そんなことある!?

突然ダドリーや両親、貴族たちに囲まれたジェーンはエドワード六世が亡くなったことや女王になったことを聞かされて驚いたが、権力者のダドリーには逆らえずに**しぶしぶ了承した**と言われる。一五五三年七月一〇日、こうしてまだ**一五歳の少女は、イングランド女王となったのさ。**

おめでとう、頑張ってね——！

ロンドン塔で女王として仕事についた。ロンドン塔は牢獄で有名だが要塞でもあり、国王の仕事場にもなっていたんだ。一方、黙っていなかったのが本来の王位継承者**メアリー王女**だった。彼女はダドリーが考えていたよりずっと強く、**自身を真の女王だと宣言**。カトリック教徒たちやダドリーを嫌う者はメアリーを救いの女神として支持し、多数の軍隊が提供され馬に乗った**メアリーがロンドンに現れると歓喜の炎に包まれた**んだ。

すごいなメアリーちゃん！

ビビった枢密院は、メアリーこそが女王だと宣言した。

枢密院

女王メアリー万歳！

完全に降参したわね。

ダドリー

女王メアリー万歳!!

ダドリーお前もかよ！

事態を悟ったダドリーは帽子を振り上げて叫んだが、**もう遅かった**ので反逆者として逮捕された。

でしょうね！

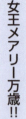

メアリー王女は**メアリー一世**として即位。一方、ロンドン塔に残されたジェーン・グレイのもとからは次々と人がいなくなった。ジェーンの**両親も逃亡**。

おい両親！

七月一九日、ジェーンもまた**反逆者として逮捕された……**。

ダドリーに従っただけなのに！

その短い在位から、彼女は「**九日間の女王**」と呼ばれる。ロンドン塔で女王だったジェーンは同じ場所の牢獄へと移された。ジェーンやダドリーの家族も逮捕されたが、ジェーンと夫のギルフォード・ダドリー以外は釈放。ダドリーはすぐに**処刑宣告がなされ、断頭台で首を落とされた**。

ジェーンちゃんは大丈夫なの!?

ジェーンは女王にまでなっているから釈放は難しいが、メアリーも彼女の境遇をわかっていたので扱いは悪くなかったよ。ジェーンには従者もいたし庭の散歩も許可されてお金も支給された。だが翌年の一月、プロテスタントによるメアリーの廃位を求めた「**ワイアットの乱**」が起きる。反乱は鎮圧されたが、問題は反乱軍の中にジェーンの父**ヘンリー・グレイ**がいたことだった。

何してんのお父さん！

反乱を起こしたから当然ヘンリー・グレイは逮捕、ロンドン塔で**斬首**された。その影響を受けて**ジェーン・グレイの処刑も決まってしまう**……。

なんで――!?

ヘンリー・グレイはメアリーの退位とともにジェーンの戴冠を求めていたし、ジェーンが生きていればまた同じような反乱が起きるだろう。メアリーは処刑をしぶったが、重臣に説得されて嫌々ジェーンの**死刑執行令状にサインした。**

そんなー!!

ついでにギルフォードの令状にもサイン。

ついでに処刑!

だが、それでもメアリーはジェーンに**救いの手を差し伸べた**。ジェーンは熱心なプロテスタントだったが、**カトリックに改宗すれば命は助ける**としたんだ。

さすがメアリーちゃん優しい。

ジェーンは**拒否**。

おおおおお――い!

ジェーンにとって信仰は心の拠り所であり、かけがえのないものだったんだ……。夫のギルフォードは死ぬ前にジェーンに会うことを望んだが、

ジェーン・グレイ

会えば彼の悲惨さと苦痛を増やすだけなので延期しましょう。私たちはすぐあの世で会えます。そこで私たちは**永遠の絆で結ばれる**でしょう。

ジェーンがギルフォードを愛していた様子の記録はあまりないんだけど、この言葉には愛があるね。

愛の言葉の記録が処刑前のものだなんて悲しすぎるわー。

ギルフォードは父ダドリーと同じく、ロンドン塔タワー・ヒルの公開処刑場で斬首された。同じ日、**ジェーンも処刑場へと連行**されたよ。

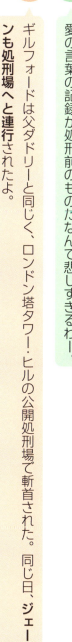

いやだあああ！！！

彼女はもっと人目につきにくい、タワー・グリーンというロンドン塔の広場だった。

ジェーン・グレイ

私は死ぬためにここに来ました。法律により死ぬ運命にあるのです。女王陛下への行為は確かに違法であり私はそれに同意しました。しかし、私や代理人によるこの行為は**私が求めたものではありません**でした。私は今日、神と善良なキリスト教徒であるあなたたちの前で、**潔白を誓います**。

執行前、違法とされる行為を認めながらも自身の潔白を宣言した。そして彼女は目隠しをされ……。

ジェーン・グレイ

主よ、私の魂をあなたの手に委ねます。

福音書に書かれたイエス・キリストの最期の言葉とともに、ジェーンの**細い首は落とされた**。一五五四年二月一二日、逮捕されてから約半年後、まだ**一六歳**の若さだったよ。ダドリーと、反乱を起こした父ヘンリー・グレイ。彼女は**二人の父親によって命を落とした**のさ。

ジェーンちゃーーん！　うぅ、**聞いたことないタイプの毒親**がいたせいで…。

だが、ジェーンは決してダドリーの操り人形にすぎなかったわけではない。自らの信仰を貫き、**潔白を確信しながらも死を受け入れた**。普通なら到底できない、**とても強い女性**だったんだ。

生きていればきっと素敵な女王になってたわね……！

メアリー一世

こうして王位を取り戻したのがヘンリー八世の長女、**メアリー一世**だ。

ジェーンちゃんのことは悲しいけど即位おめでとうー！

メアリー１世。1516～。少女時代は継母アン・ブーリンの命令で異母妹エリザベスの侍女団に入れられたり、暗殺を恐れて食べ物を拒否したり、苦労人。泣ける。

両親の離婚問題で庶子に格下げされた苦労人だが、母キャサリンから激しく熱いスペインの血を引いていたメアリーだからこそ、ダドリーに陰謀を起こされても**自ら王位を取り戻した**のだろう。

すぐダドリーを圧倒してカッコよかったわ。

そうして三七歳で玉座を奪還した彼女は、イングランドをローマ・カトリックの国へと戻すことにした。最初の議会でもさっそくカトリックで禁止されている**既婚の聖職者を追放**。つらい少女時代を生き抜いたメアリーにとって、カトリックへの信仰は唯一の心の拠り所だったのさ。

メアリー一世

私の国民を再びローマ（カトリック）へ引き戻せるなら、**命をささげることも厭わない**。

女王の結婚問題

議会は女王が他国の王と結婚して影響されることを恐れたんで、同じイングランド人でエドワード四世の曾孫との結婚を勧めるがメアリーは**断固拒否**。そんな中、いとこでスペイン・ハプスブルク家の**カール五世**※が、**息子をメアリーの結婚相手に**と推してきた。スペイン大使がメアリーにこの件を伝えた時、彼女はこう言ったという。

※スペインの国王としてはカルロス一世。神聖ローマ皇帝としてはカール五世。

メアリー一世

私は世間で恋と呼ばれるものを感じたこともなければ、**肉欲に耽ったこともありません。**神の思し召しによって王冠を手にするまで結婚を考えたこともない。今後自分が結婚するとしてもそれは国家のために、自分自身の愛情に反するものになるでしょう。

国のため、**愛のない政略結婚**をする覚悟ができているね。

さすが女王だわ！

そうしてカルロス一世（カール五世）の息子、フェリペ（のちのスペイン国王フェリペ二世）の肖像画を見るとメアリーは**めっちゃ好きになった。**

恋しちゃうんかい！　愛のある恋愛結婚やん。良かったわねメアリーちゃん！

実はメアリーも若い頃にカトリックの博学者**レジナルド・ポール**に恋したことがあり、本当に初恋というわけじゃないと思うけどね。

レジナルドとはうまくいかなかったの？

レジナルドは**ヘンリー八世と揉めて**ローマに追放された。

全てを邪魔してくるヘンリー八世！

フェリペ２世。1527～。スペイン・ハプスブルク家。なにかとヨーロッパの王家に絡んでくる。眉毛がつながっている。

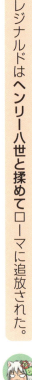

臣下たちは不安になった。フェリペの国スペインではプロテスタントを弾圧して処刑するという「異端審問」が**闘牛よりも多かった**んだ。

何と比べてんねん。

大国であるスペインにイングランドを乗っ取られることも懸念されたため、フェリペは女王の援助のみでイングランド政府に関与しないことなど厳しい条件がつけられた。それでも国民はこの結婚に納得せず**反乱を起こし**、そのひとつが**ワイアットの乱**だったのさ。

ジェーン・グレイちゃんが処刑される原因になった反乱！

ジェーンの**処刑の裏にはメアリーとフェリペの結婚**があったんだ。

そうだったのね。

メアリーは**フェリペより一一歳年上**。若い時は美しかったメアリーだが髪の毛が薄くなり、近眼で目つきが悪かったため老け込み、**歯槽膿漏**だったからフェリペはがっかりしたという。

歯槽膿漏は見てもわからないでしょ！

フェリペはそれでもメアリーを妻として大事にした。二人はイングランドをカトリックへ復帰させることを望んでおり、ローマ法王ユリウス三世も復帰を歓迎。その際に教皇庁から派遣された枢機卿は奇しくも、メアリーがかつて恋した**レジナルド・ポール**だったのさ。

初恋の人との再会！

一五五四年、イングランドは二〇年ぶりにカトリックへと復帰した。さらに、メアリーは**妊娠**。

相手はどっち？

レジナルドだったら大問題だろ！　まぁ**想像妊娠**だったけど。

想像で!?

出産で亡くなることが多いのでメアリーは遺書を書き、出産の時が近づくと**告知の鐘が鳴り響いた**という。だが、**想像妊娠だった……**。

さっき聞いたわよ！　鐘まで鳴らしたのにどうすんの！

メアリーは落胆し、フェリペは**大恥ぶっこいた**。

つらいー。

そして、父カール五世に呼ばれたフェリペはスペインへと旅立ってしまう。

フェリペ

じきに戻る。

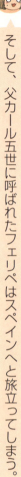

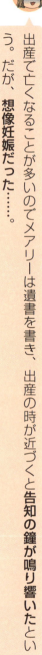

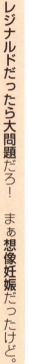

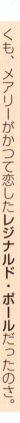

そう言っていたが、フェリペが**不機嫌**になっていたのがメアリーにもわかったという。独身時代は勇敢だったメアリーはめっきり気力が弱り、精神が不安定となった。フェリペはイングランドでの異端審問は慎重にやるべきだと言っていたのに、メアリーは**次々と異教徒を火刑に処していったん**だ。**約三百人**のプロテスタント信者が命を落としたことで、彼女は「**ブラッディ・メアリー**」と呼ばれる。意味は「**血まみれメアリー**」だ。

血まみれ！

フェリペはスペイン王**フェリペ二世**となり、彼に夢中のメアリーはスペインがフランスと戦うための戦費を援助し、イングランドを戦争に巻き込んだ。スペインは勝利したもののイングランドは大陸唯一の領土だった**カレー**を失い、さらに国民から非難されることとなる。

フェリペと結婚したら悪いことばっかり！

そんな中、メアリーは卵巣がんにより倒れた。死の淵のメアリーは**次の王を異母妹エリザベスと決め**、四二年の生涯を終えた。五年という短い治世だったよ。

メアリーちゃ――ん！

平松のワンポイント

【ブラッディ・メアリー】
ウォッカをベースとしてトマトジュースを用い、カップの縁に食塩・胡椒などをつけた刺激的なカクテルのことをブラッディ・メアリー（マリー）と呼びます。メアリー１世による処刑やその性格から名付けられたと言われています。

最期の一か月、彼女は孤独の中にいた。臣下たちはみんなエリザベスのもとへと行ってしまっていたんだ。彼女は**愛**とカトリックへの**狂信**、そして**権力**を併せ持った結果、悲しい運命を辿った人だったのさ。

せめて愛する人と結婚できたのはよかったわ。

ちなみにメアリーの死の直後、かつて恋した**レジナルド・ポールもまたこの世を去っている。**

異端審問で？

まだやってんのか！　レジナルドはカトリックの司教で異端でもないし。インフルエンザだと言われる。

そっか、今頃メアリーちゃんと一緒にいるのはフェリペじゃなくレジナルドかもしれないわね、生きているときに結ばれることはなかったけど……。

エリザベス一世

続いてメアリー一世の異母妹、エリザベスが**エリザベス一世**として即位した。

おめでとう！

彼女は一五三三年九月七日、王女として生まれるが三歳の時に母アン・ブーリンが処刑されたので庶子の身分となっていた。

常に誰かがヘンリー八世から被害にあってるわね。

エリザベスは**メアリー一世からめちゃくちゃ嫌われていた**よ。

なんで!?

メアリーは熱心なカトリック、エリザベスはプロテスタントという宗派の違いもあるし、メアリーの母キャサリンが離婚される原因になった**アン・ブーリンの娘がエリザベス**。さらに、ある問題がメアリーの**戴冠式**のときに起こっていた。

戴冠式でそんな問題起こることとある?

メアリーは三七歳で苦労が顔に出ていたが、一方のエリザベスは**二十歳**。輝くような若さと美しさ、そして気品に溢れていた。メアリーとエリザベスを見た外国の大使は、

エリザベス1世。1533～。急進的な信者を処刑したり、メアリ・スチュアートを担ぎ上げたカトリックの反乱を鎮圧したので、なんだかんだローマ教会に破門されている。

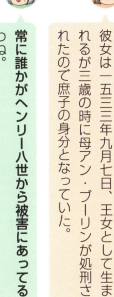

大使

どっちが女王かわからない。

と、**余計な事を本国に書き送った。**チヤホヤされるエリザベスを見て、メアリーのエリザベスに対する態度が一気に**硬化**してしまったのさ。

大使が悪い。

これで**不仲が決定的**となった。

これで!?

ジェーン・グレイが処刑されるきっかけとなった「ワイアットの乱」の首謀者ワイアットとの関与が疑われて、エリザベスは**ロンドン塔に投獄された。**投獄されたエリザベスは……。

つらいだろうけど頑張ってエリザベスちゃん。

同時期に投獄されていたギルフォードの兄**ロバート・ダドリー**と**仲良くなっていた。**

普通に楽しそう!

慎重な性格のエリザベスはワイアットから実際に手紙を受け取っていたものの、関与の証拠を残していなかったので釈放された。

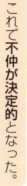

メアリー一世
くっそおおおお!! エリザベスを**処刑できると思ったのにー!**

こんなメアリーでもよく**エリザベスを後継者に指名したよね**。憎い感情を押し殺し、苦悩の中でメアリーが最期に選んだのは**テューダー家の存続**だったのさ。

女王の素晴らしい選択だったのね……!

こうしてエリザベスは二五歳で**女王エリザベス一世**となった。

エリザベス一世
これは神の御業です。奇跡としか思えません。

メアリーの死と王位継承を伝えられた時のエリザベスの言葉だ。彼女にとって本当に奇跡だったのだろう。エリザベスは博識で賢明、市長にお世辞を言ったり夫人の料理を褒めたりする人だったという。

親しみやすい女王なのねー。

こんな証言がある。

証言
彼女を怒らせると**罵ったり、拳でぶん殴ったり唾を吐いたり**したが、喜ばせると大声で笑い、わけもなくご機嫌になる。

ちょっと情緒が心配だけどユーモアのある子ね。

最初の議会で、結婚して後継ぎを作るよう臣下たちから求められると、

エリザベス一世

私はイングランドと結婚しました。

かっこいい……。

だがエリザベスは**ロバート・ダドリー**と**恋人関係**にあった。

獄中で仲良くなってた男！

ロバートは主馬頭という女王の近くで従事する役職につき、側近となっている。エリザベスと結婚する話もあったが、ロバートの**妻が階段から落ちて不自然な死を遂げる**とロバートへの疑惑が持ち上がり、結婚話はなくなった。

ロバート、**既婚者やないか！**　最初からエリザベスちゃんと結婚できると思うな！

とはいえロバートは同い年のイケメンで宮廷中の女性から人気があったし、エリザベスも結婚したかったようだよ。他国の王族と様々な結婚話が持ち上がるが、彼女は結婚をダシに**有利な外交条件を引き出しながら話を延ばし続けた。**　相手の中にはメアリー一世の夫だった**フェリペ二世**もいたよ。

フェリペお前もか！

フェリペはメアリー一世が**死にかけてる時**にはもうエリザベスに結婚話を持ち掛けていたという。

拳で殴っていいわよエリザベスちゃん。

やめなさい。

エリザベス一世

ぺっぺっ！

吐きかけるのもやめなさい。

エリザベスの最後の結婚話はフランス王アンリ三世の弟**アンジュー公フランソワ**で、当時エリザベスは四六歳、フランソワは**二四歳**だ。

歳の差！

フランソワの方がお忍びでイングランドにやってきてエリザベスにプロポーズするなど積極的だった。

エリザベス一世

私の**カエルちゃん**♡

と呼んでエリザベスの方も**まんざらでもなかった**という。だが外国人のフランソワとの結婚は国内の反対が多く、五年後に**フランソワの方が先に病死した。**

カエルちゃ――ん！

こうして生涯、エリザベスは独身を貫いた。そのため彼女は「**ヴァージン・クイーン**」と呼ばれているよ。エリザベスはプロテスタントだがカトリックを弾圧しようとはしなかった。だがレキュザンツと呼ばれる急進的なカトリックは、異教徒としてではなく**反逆者として処刑**されることはあったんだ。しかし、急進的なプロテスタントも**それはそれで処刑される**こともあった。

どっちにしても処刑されるんかい！

ピューリタンと呼ばれるプロテスタントの一部は英国国教会を抜けて新たに教会を作ろうとしたり、ややこしかったんだ。結局、エリザベスの治世で処刑された急進的な信者たちの数は**メアリー一世の治世とさほど変わらない**。

そうなの!?

まぁ治世の長さが全然違うから単純には比べられないけどね。

生涯のライバル

そんなエリザベスには**生涯のライバルが二人**いた。

二人も!?

その一人が、九歳年下の**スコットランド女王メアリ・スチュアート**だ。**メアリ一世**とも呼ぶ。**祖母はヘンリー八世の姉マーガレット**で、スコットランドとイングランド**両方の王家の血を引く完璧な血筋**、顔は青白くて面長だった。かつてフランス王**アンリ二世**は、エリザベスの即位に難癖をつけてきたこともある。

アンリ二世

メアリこそがイングランドの真の王位継承者であるべきだ。

アンリうざい。

そんな中、一五六八年にメアリがスコットランドから**亡命**してきた。

亡命!?

メアリの夫ダーンリー卿が暗殺され、メアリがその**容疑者であるボスウェルと結婚**したもんだから暗殺への関与が疑われたのさ。

情報量多いわね。暗殺って毒を盛られたとか？

ダーンリー卿が**別荘で寝ていたら爆破**されたんだ。

暗殺じゃないやん、**テロやん！**

ボスウェルは捕まって獄中で亡くなっている。メアリは廃位されたものの無碍《むげ》に扱うわけにもいかず、ロンドンから離れた屋敷に幽閉された。幽閉と言っても厳しい監視はなく優雅に過ごすことができたよ。だがカトリックで血筋の良いメアリは、エリザベスを廃位して**メアリをイングランド女王にするという陰謀**でたびたび担ぎ出された。

勝手に担ぎ出されてメアリちゃんも迷惑よね。

メアリも自分こそ正統なイングランドの後継者だと**自負していたよ**。

すごい乗り気だったー！

エリザベスは、臣下たちからメアリを処刑するよう何度も促されるが、元女王のメアリを処刑するのは諸外国の反発を招く恐れがあるので実行することはなかった。そしてメアリの幽閉生活が**二〇年**になろうとしていた頃、ついにメアリが**エリザベス暗殺の陰謀に加担している証拠が見つかった。**

えー!

メアリがエリザベスの暗殺を指示する手紙が見つかったんだが、これはエリザベスの側近ウォルシンガム卿が別の人を使って**偽の陰謀**をメアリに持ち掛ける罠だったとも言われる。これによりエリザベスは仕方なく、メアリの**処刑を決定。**

元女王がー!

メアリ・スチュアート

あなたはいつか、私が流した血を思い起こすでしょう。

メアリがエリザベスに遺した言葉だ。一五八七年二月八日、四四歳のメアリは**断頭台に散った。**死刑執行人は一撃で首を落とすことができず**三度も剣を振り降ろした**という。

メアリちゃ――ん!!　うぅ、**へたくそな死刑執行人**なんやねん……。

こうして**エリザベスの生涯のライバル**が消えた。

悲しいわねー。あ、でも**もう一人**ライバルはいるのよね、誰かしら。

スペイン王**フェリペ二世**だ。

またこいつか!!

フェリペは**イングランドを手に入れたがっていた**し、エリザベスは**海賊を使ってスペインの商船を襲わせて金品を奪っていた。**

争う理由ありすぎて笑う。

そんな中で元女王のメアリが処刑されたので、それを口実にフェリペは**イングランドに侵攻**することにしたのさ。かつての義兄でもあり、**求婚者として愛を囁いた**かもしれないフェリペは、こうして**最強の敵としてエリザベスの前に立ちふさがった。**

フェリペめ、**フラれたことをまだ根に持ってんじゃないわよ!**

侵攻の理由それかよ。フェリペは当時最強と言われた海上戦力「**無敵艦隊(アルマダ)**」を集結させた。当時は単に「大艦隊」と呼ばれていて、のちにイングランドが無敵艦隊と呼んだだけなんだけど。

平松のワンポイント

【イングランドと海賊】

中世イングランドの起源と言われるのがノルマン朝です。建国したノルマン人達は別名ヴァイキングと呼ばれます。海賊ですね……。と言うことで、イングランドは海賊が作った国家とも言えます。そのことから歴代の王朝は海賊との結びつきが強く、政府から免許状を受けて海賊行為(海賊船のことを私拿《しだ》捕船・私掠《しりゃく》船と呼びます)を行っていました。海賊=海軍のような状態でした。

無敵のくせに**海賊に襲われてた**やん。

襲われてたのは**商船**だろ、なんで**海賊が艦隊を襲ってんだ**よ。こうして始まったのが一五八八年の「**アルマダの海戦**」。イングランド艦隊を率いるのはフランシス・ドレーク。**海賊だ**。

やっぱり海賊やんか!

海軍提督でもあるんだよ。そして**戦いの結果**……。

ごくり。

フランシス・ドレークが勝利した。

無敵艦隊、商船と大して変わらん――!!

やめなさい。無敵艦隊はアイルランドからイングランドに侵攻しようと、海上を北上したら**嵐に巻き込まれた**んだ。こうして無敵艦隊は**先週までの無敵艦隊**となり敗北。ほぼ**自滅**だった。最強だったスペインに勝利し、エリザベスの治世は「**イングランドの黄金時代**」と呼ばれているよ。

すごいわエリザベスちゃん!

平松のワンポイント

【フランシス・ドレーク】
ドレークは私拿捕船の船長で、マゼランに次いで２回目の世界周航を達成しました。途中スペイン船を略奪しながら……。しかもこの航海にはエリザベスも出資しています……。

一六〇四年にロンドン条約で講和するまで約一六年、スペインとの戦いは散発的に続くことになる。だが復活した無敵艦隊が再びイングランドを襲う前に、**フェリペ二世がこの世を去った。**

フェリペー!!

フェリペ二世

エリザベスを早く始末しておけば……。

そう何度も後悔していたという。

フェリペの生涯のライバルもまた、エリザベスちゃんだったのね。

ルネサンス文化が花開き黄金時代と呼ばれたが、治世末期は戦争による財政難や凶作、不況などイングランドは問題を抱える。エリザベスは当時としては高齢になっても着飾り、踊り、恋愛をした。

エリザベス一世

神様は私を女王にしてくださいましたが、**私の王冠の栄光はあなた方の愛を得たことにあります。**

エリザベス最後の議会での演説は、国民を大いに感動させた。そして一六〇三年一月、諸説あるが彼女は**メアリ・スチュアートの息子**でスコットランド王**ジェームズ**を後継者に指名したと言われる。

メアリ・スチュアート

あなたはいつか、私が流した血を思い起こすでしょう。

それは事実だったのだろう。エリザベスは苦悩の中、**メアリの息子にイングランドを託した**のだから。

まさかメアリちゃんの息子を後継者にするなんて。女王には苦悩があるものなのね……。

その日、不機嫌で医師の診察を拒んだエリザベスはジェームズを指名すると、壁の方へ向きながら床についていた。そのまま、**二度と目覚めることのない眠りにつく。**六九歳だったよ。

エリザベスちゃーーん!!

傍らにはかつての恋人**ロバート・ダドリーからの手紙**があった。ずっと大事にしていたロケットペンダントの中には、母**アン・ブーリンの細密な肖像画**が入っていたという。

ずっと独身だったけど、エリザベスちゃんは**愛する人とずっと一緒にいた**のね。

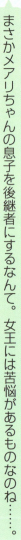

テューダー家の終わり

こうして子供のいないエリザベスを最後に、**テューダー家は断絶**した。

ヘンリー八世に迷惑かけられた一族だったわね。

ヘンリー八世も「**ヨーク公**」だったが、現在でもその爵位は**国王の次男**に与えられている。だが奇妙なことにヘンリー八世以降、ヨーク公となった王子は**男子に恵まれず一度も爵位が世襲されていない。**息子ができないことで多くの女性を不幸にしたヘンリー八世の因縁なのか。それともテューダー家が、**ヨーク家の血に浮かぶ白薔薇**だったからなのか。

間違いなく**呪い**でしょうね。

あんまり言うんじゃない。宗教改革を行い、最強の国スペインの侵攻も退けてイングランドを海外へ発展させた偉大な王朝。それがテューダー家なのだから。

処刑ばかりしてた気がするけど、すごい王朝だったわ。

ああ。今後はヨーク公が息子を残せるようになることを祈ろうじゃないか。それはきっと、ヨーク家の魂が救われたことを意味するのだから……。

まだ救われてないのね！

テューダー家家系図

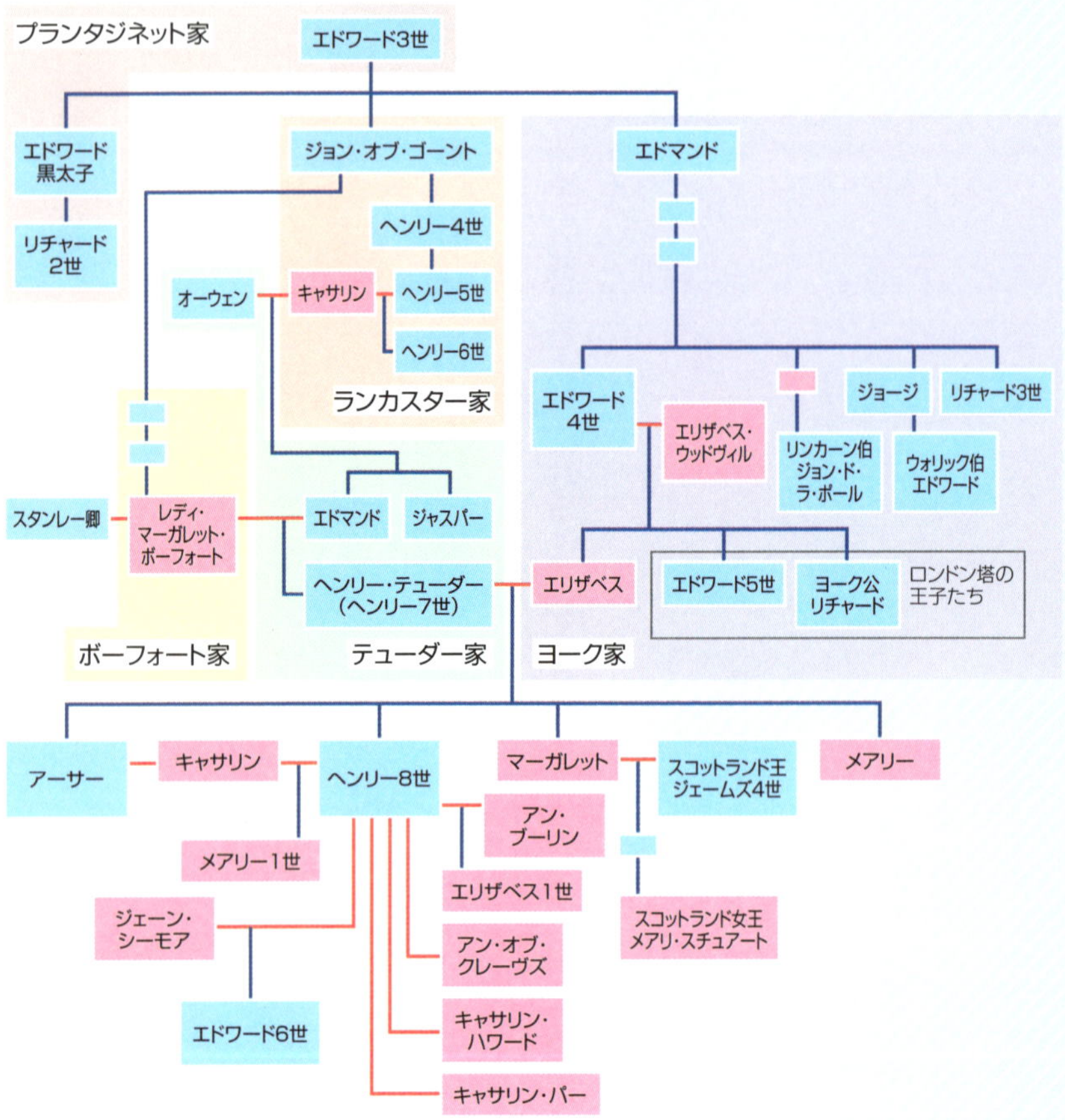
プランタジネット家
エドワード3世
エドワード黒太子
リチャード2世
ジョン・オブ・ゴーント
ヘンリー4世
ヘンリー5世
ヘンリー6世
キャサリン
オーウェン
ランカスター家
エドマンド
エドワード4世
エリザベス・ウッドヴィル
リンカーン伯ジョン・ド・ラ・ポール
ジョージ
ウォリック伯エドワード
リチャード3世
エリザベス
エドワード5世
ヨーク公リチャード
ロンドン塔の王子たち
ヨーク家
スタンレー卿
レディ・マーガレット・ボーフォート
ボーフォート家
エドマンド
ジャスパー
ヘンリー・テューダー（ヘンリー7世）
テューダー家
アーサー
キャサリン
ヘンリー8世
メアリー1世
アン・ブーリン
エリザベス1世
ジェーン・シーモア
エドワード6世
アン・オブ・クレーヴズ
キャサリン・ハワード
キャサリン・パー
マーガレット
スコットランド王ジェームズ4世
スコットランド女王メアリ・スチュアート
メアリー

第2章

中国・愛新覚羅家

第2章

中国・愛新覚羅家

もなか

みるく

※主な登場人物は132ページの家系図も見てみよう。

続いては、よつばchで初めて登場する**中国史**だ。一七世紀、**清王朝**を築いた中国・**愛新覚羅家**《あいしんぎょろ》を追っていこう。中国といっても漢人（中国人）ではなく満州人（女真《じょしん》・女直《じょちょく》）の王家だよ。

初の中国史なだけでなく、**あいしんぎょろ**という名前にびっくり。

彼らは清王朝を築いた**辮髪**《べんぱつ》の一族なのさ。

すごいわねー。

いやあああああああ！

やめなさい、彼らの**伝統的な髪型**なんだから！清はとてつもなく長い歴史があるので、今回は**西太后**《せいたいこう》**～溥儀**《ふぎ》の物語を紹介していこう。

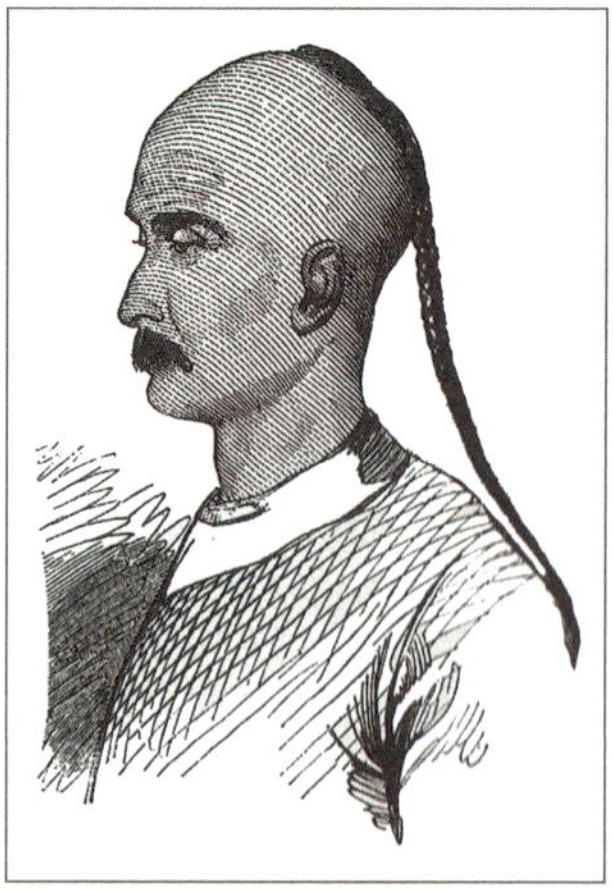

辮髪の図。頭髪の一部を残して剃り、残りの毛髪は伸ばして三つ編みをする。美容院でオーダーしてみよう。

西太后

西太后は清の九代目皇帝、**咸豊帝**《かんぽうてい》の妻だ。

皇帝の奥さんなのねー。

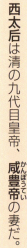

西太后の姓は**葉《え》赫《ほ》那《な》拉《ら》**。

えほなら！

幼名は**蘭児《らんじ》**。一八三五年に北京で生まれ、彼女の家は**満州八旗**と呼ばれる「満州の八大貴族」のひとつで、一七歳の時に皇族の**妻選びコンテスト**「**選秀女**」に参加する。

急に変なコンテスト出てきた！

清王朝では**八旗制**と呼ばれる軍事・社会組織があり、満州人による満州八旗の他にモンゴル人の**蒙古八旗**、そして**漢人八旗**がある。それぞれに属する女性は**三年ごとに選秀女に参加する**のが義務だったのさ。

お断りします。

お前が断ってどうする。西太后の頃は二四旗に属するだけでなく一定の官位以上の父を持つ女性であることも条件にされ、清の皇族の妻は**家柄と品徳を重視**して選ばれていたんだ。

表向きはそう言っても、どうせ実際は**可愛い子ばかり選んでる**んでしょ。

西太后。1835～。当時の女性としては珍しく読み書きができたが、書くのは誤字が多かったらしい。かわいい。

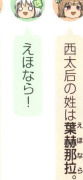

清の歴代の妃は、だいたい**不美人**だったという。

真面目に選んでた——！

西太后は美人で、合格して**咸豊帝の妻**となったのさ。

いや**顔で選んどる**やないか！

西太后は美人なだけでなく、当時の女性には珍しく読み書きができるし教養もあったんだよ。そして、妻のランクには**八階級**あった。

多いな。

皇后、皇貴妃、貴妃、妃、嬪、貴人、常在《じょうざい》、答応《とうおう》、それ以下。皇后が正室で、それ以下は側室として扱われる。西太后はこの中で**貴人**に選ばれ、皇帝から賜った一文字を加えて「**蘭貴人**」と呼ばれたよ。

蘭貴人って素敵。

ただ、もっと上にも**貞嬪**《ていひん》と**雲嬪**《うんひん》という二人の女性が選ばれているんだが、美しさでは**西太后が一番**だったと言われる。

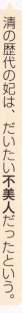

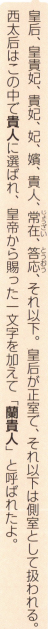

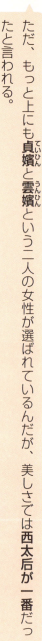

やっぱり**外見は二の次**なのね。

咸豊帝の第一子は**麗嬪**《れいひん》という妃が産んだ女の子だった。女性は皇帝になれないので世継ぎの誕生が期待される中、二二歳の**西太后は男児を出産**したのさ。

おめでとう――!!

男児は**載淳**《さいじゅん》と名付けられ、これにより西太后はランクを上げて嬪（懿嬪《いひん》）となったよ。

西太后の由来

咸豊帝は毎日のように何時間も芝居を観るほどの**芝居中毒**だった。

どんな皇帝なの。

そんな咸豊帝は**三〇歳**で亡くなっている。

芝居中毒で!?

結核だよ。血を吐きながらでも芝居を観たというから、ある意味**芝居中毒で死んだ**と言えなくもないけどね。西太后は咸豊帝の存命中、特別な権限はなかった。強い権限があったらまず咸豊帝を**ぶん殴って芝居を観るのをやめさせた**だろう。

ぶん殴るべきだったわ。

咸豊帝が亡くなると西太后が産んだ載淳が**五歳**で**同治帝**《どうちてい》として即位。咸豊帝には二男一女が生まれたが次男はすぐに亡くなり、息子は**同治帝ただ一人**だったのさ。

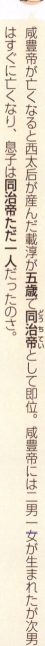

おめでとうー！　西太后ちゃんも嬉しいでしょうね！

西太后は皇帝の母として**皇太后**へと昇進することになるが、まず西太后より**序列が上の貞皇后**（結婚時は貞嬪）が**慈安太后**《じあんたいこう》となり、翌日に西太后が**慈禧太后**《じきたいこう》となった。

どこまでも序列があるなぁ。

慈安太后は後宮の**東**に住み、西太后は**西側**に住んだ。東の方が格上であり、このため東の慈安太后は**東太后**《とうたいこう》、西側の慈禧太后は**西太后**と呼ばれるようになったのさ。**西太后の始まり**だ。

捏造されたエピソード

西太后は咸豊帝の死後、妃の一人だった麗嬪《れいひん》の手足を切断して**生きダルマ**にしたという有名な話がある。

同治帝。1856～。西太后の一人息子。本名は愛新覚羅 載淳（さいじゅん）。すごい苗字だが愛新は「金」という意味の部族名、覚羅は「姓」を表している。

平松のワンポイント

【垂簾聴政《すいれんちょうせい》】

皇帝が幼い時など直接政治が行えない場合に、皇太后などが代わりに行う政治の事を垂簾聴政と呼びます。中国は男女の差別が厳しかったので、皇太后が男性である臣下と直接対面することを避けるために玉座の後ろに御簾を垂らして、その後ろで政務を行っていたことから付いた名前です。有名な例は呂后・武則天（則天武后）・西太后の３人です……。

おおおーい！

だが、これは映画内での**フィクション**で、実際の麗嬪は後宮で静かに五四歳まで生きたよ。西太后には残虐で権力欲にまみれたエピソードが多く、漢の**呂后**《ろこう》、唐の**武則天**《ぶそくてん》と並んで**中国三大悪女**と呼ばれる。

悪女！　でも西太后ちゃんは生きダルマなんてしてなかったわよ。

ああ。ほとんどは作り話であり、西太后の理想は**女帝ではなく**清の六代目皇帝**乾隆帝**《けんりゅうてい》の母、**崇慶太后**《すうけいたいこう》だったのさ。乾隆帝は全国の巡幸に母親を伴ったり、母親の誕生日を盛大に祝ったりしていたんだ。西太后もそういう**親孝行をしてもらいたかった**のさ。

まさか親孝行してもらうのが理想だとは、**かわいい**わね。

たしかに、彼女が欲しいのは**権力ではなく親孝行な息子**という、女性的な**かわいい人**だったんだ。

辛《しん》酉《ゆう》政変

こうして西太后となった彼女はまず……、

悪女じゃないと知ったから安心だわ。

咸豊帝の臣下として政治の中心だった三人のうち**粛順**《しゅくじゅん》を**斬首刑**、残り二人は**自害を命じて始末**した。

一八六一年の**辛酉政変**だ。

なんか話が違うな！ 西太后ちゃんは**悪女じゃないのよね!?**

粛順たちは幼い同治帝に代わって権力を独占しようとしていたから**仕方ない**んだよ。西太后は一人で政変を起こしたわけでもなく、**東太后**や義弟（咸豊帝の弟）の**恭親王**《きょうしんのう》と**醇親王**《じゅんしんのう》も一緒だった。この時の西太后は**二六歳**、東太后は**二四歳**だ。以降は政変のメンバーで一緒に同治帝を支え、中でも実務に長けた**恭親王が活躍。**そして四年後の一八六五年、西太后は**恭親王を失脚させた。**

西太后ちゃん、**女帝みたいに強いやん！** 義弟を失脚させたわよ！

西太后には、恭親王が傲慢で調子に乗っているように**見えたん**だ。

見えただけ!?

彼女は気が強く**思い込みが激しい**ところがあったのさ。

西太后

恭親王は徒党を組んで政治を牛耳っていて我慢できません。**厳罰に処すべき。**

臣下たちの中で**泣き叫びながら訴えた**という。結局、恭親王は**土下座して謝罪。**

悪いことしてないのに。

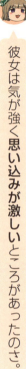

恭親王はほとんどの役職を回復したが、**心が折れた**ので仕事は控えるようになった。血を流さず**土下座で終わった**政変劇は**同治四年の政変**と呼ばれるよ。

西太后ちゃん、ほんとに権力に興味ないのかしら?

東太后

西太后が唯一、**敵わないのが東太后**だった。彼女は咸豊帝の即位前から宮廷で仕えており、その後は皇后となって**常に西太后の上にいる存在**だった。

そうだったのね。

東太后は控えめで、大臣の謁見ではほとんど喋らず政治にはあまり関わらなかった。しかし、西太后に仕えていた宦官《かんがん》の**安徳海**《あんとくかい》が**調子に乗っていたので処刑**したこともある。決して無能ではなかったんだ。

強いな東太后ちゃんも!

同治帝

幼いころから勉強嫌いで遊ぶのが好きだった**同治帝**は、一七歳になると自ら政務を執るようになり、西太后は**すんなり政権を返上**した。

あ、権力に興味ないのは本当だったのね。

実権を握った同治帝はまず、戦争で破壊されていた離宮の円明園を修復し、**二人の母親**（西太后と東太后）に**贈る**ことにした。

親孝行やん！　**西太后ちゃんの願いが叶った**わねー！

国家財政が厳しいので臣下たちに**猛反対**され、同治帝は重臣も含めて**全員クビ**にしようとする。

ろくでもない皇帝の予感しかないわよ。

暴走する同治帝を止めるため西太后が早くも**政務に復帰**。彼女は仕方なく同治帝を諫《いさ》め、円明園の工事も中止した。そして一八七四年、**同治帝は一九歳で病死**してしまう。

親孝行できずに終わったぁ――!!

平松のワンポイント

【円明園】
清の康熙帝《こうきてい》の時代に、イタリア人宣教師カスティリオーネが設計した西洋式庭園。ヴェルサイユ宮殿を範としたバロック様式です。アロー戦争の際に英仏軍によって破壊されました。現在は英仏の蛮行の歴史的な記録として、破壊された状態のまま公開されています。

同治帝は安い娼婦を買って**梅毒**で亡くなったと噂されたよ。

噂がひどすぎる。

現在では当時のカルテなどから公式発表どおり**天然痘**だったと考えられている。同治帝は子供を残さず亡くなったため、いとこで**四歳**の**光緒帝**《こうしょてい》が即位することとなった。

年少さん！

光緒帝の父親は咸豊帝の弟、**醇親王**。母親は**西太后の妹**だったのさ。

光緒帝。1871 ～。西太后の甥にあたる。

東太后の最期

東太后は一八八一年、四三歳で亡くなっている。

悲しいわねー。

西太后はのちに自分の陵墓を**一四年**もかけて増築し、東太后の陵墓より立派にした。**西太后が嫉妬していたのは明らか**で、東太后は西太后に**毒殺されて証拠隠滅のため早々に火葬された**という俗説が根強く囁かされている。

西太后ちゃんはそんなことしないでしょ！

ああ、当時の記録から毒殺を示す症状は何もなく葬儀も大規模に行われた。現在では東太后の死因は**脳溢血**もしくは**脳梗塞**と考えられていて、西太后は**やきもち焼きでかわいいだけ**だったのさ。

やっぱり**かわいい**。

清仏戦争

同治帝と東太后が亡くなって光緒帝がまだ幼い今、西太后と肩を並べる存在は義弟の**恭親王だけ**だった。

今度は西太后ちゃんと仲良くできるといいわね。

一八八二年、ベトナムに侵攻したフランスに対抗し、清軍が出兵して**敗北**。西太后は敗北の理由を、限定的な交戦しか認めなかった**恭親王ら重臣たちのせい**だとして**更迭**《こうてつ》した。

また恭親王が失脚させられたー！

平松のワンポイント

【インドシナ出兵】
フランスはナポレオン３世の時代にインドシナ出兵を行い、ベトナム南部をベトナムの阮朝《げんちょう》に割譲させせました。ベトナムの宗主国を主張する清はこれを認めず、清仏戦争へと発展しました。

フランスとは一八八四年に清仏戦争へと発展。西太后は既に**恭親王一派を失脚させる目的を達成**していたので講和を急いだ。

戦争の勝利よりも**恭親王の失脚が目的!?**

掌握

清仏戦争が終わった一八八五年、光緒帝はまだ**一四歳**。

中二かぁ。

東太后もこの世を去った今、西太后は**事実上の女帝**となったのさ。

女帝になってるやん――!!

西太后の他に権力を持てる人がいないからな。**恭親王は失脚**しているし。

失脚させたのは西太后ちゃんだけどね!

恭親王の後継者には光緒帝の父、醇親王が据えられた。西太后は控えめな性格の醇親王を寵愛しており、だからこそ光緒帝を皇帝に選んだのだろう。

平松のワンポイント

【講和を急ぐ清】

講和を急いだ理由は、清の宗主下にあった朝鮮で、日本と結んだグループがクーデタ（甲申事変）を起こしたからです。朝鮮問題を重視した李鴻章《りこうしょう》がこれには機敏に反応しました。

もはや西太后ちゃんが**皇帝を選んでる**。**権力めっちゃ強い**やん。

光緒帝

西太后は光緒帝に、自分のことを「**親爸爸（チンバーバ）**」と呼ばせた。

ちんばーば？

意味は、生みの親で**実のお父さん**。

いや**お父さんはおかしい**。西太后ちゃんは女の子でしょ。

これは西太后が歳を重ねて、見た目が**おじさんぽくなったから**ではない。

わかってるわよ！

まず、光緒帝は西太后にとって**我が子同然**だという愛情が込められてる。

西太后
だから**親孝行せぇよ**。

親孝行を全く諦めてなかった！

さらに、自分はただの皇太后ではなく**上皇**（帝位を息子に譲った前皇帝）も同然だという意味も込められているんだ。

明らかに**権力を誇示してる**わよね？

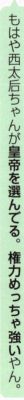

そうじゃない、光緒帝は一六歳になると成人し、西太后はちゃんと**政権を返上した**。しかし、臣下たちの強い懇願により西太后は**二年延長して実権を握る**。

完全に女帝！

いや、光緒帝が一八歳になると五五歳の西太后は**しっかり政治から引退**したよ。そこから彼女は自らが造営した離宮、頤和園《いわえん》に隠居して**優雅な生活**を送った。高い家具調度品に囲まれ、ごちそうを食べ、**芝居を観た**。

芝居中毒に気を付けて。

彼女のもっぱらの楽しみは、六〇歳の誕生日を国家行事として**盛大にお祝いしてもらう**ことだったよ。

親孝行へのこだわりをずっと忘れない西太后ちゃん。

一八九四年、**いよいよ六〇歳**という時。

盛大にお祝いしましょー。

日清戦争でそれどころじゃなかった。

おおお――――い!!

宮中だけで**縮小して**お祝いしたけどね。そして、西太后は引退していたものの臣下たちは彼女に指示を仰ぎ、戦争に反対していた西太后派が国防予算を削減したことで**清は敗北**することになる。この敗北は現代でも**西太后の評価を下げる大きな要因**となっているよ。一方の**光緒帝**は、国のため積極的に戦おうとしていたので評価が高く、敗戦後は**日本の明治維新**を手本にした改革を推し進めたのさ。

日本をお手本にしていたのねー。

その頃、西太后は自身の**七〇歳の祝典を目標**にしていた。

お祝いが**何より大事！**

七〇歳は**大寿**だから特に大事だったのさ。彼女は改革には興味なかったが、西太后派の重臣たちは**危機感**を抱いた。改革で近代化が大きく進めば、西太后のような**古い体制の存在は消えていくだろう**、と。

心配ね。

光緒帝は一八九八年四月二三日から、国政を根本から変えるための**詔勅**《しょうちょく》を連日**発布した**。北京から上海に遷都するなどいろいろ発布される中、日本の総理大臣を辞職した**伊藤博文が清にやって来た**。

えええ！　何かの条約を結ぶの!?

旅行だ。

旅行かよ！

日清戦争の恨みがあったとはいえ光緒帝にとっては**尊敬すべき政治家**で、伊藤博文は**国賓として迎えられた**という。

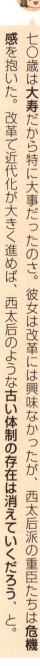

日本人がそんな風に思われてるのは嬉しいわ。

しかし、西太后派には**危機感しかなかった**。もし伊藤博文が維新のアドバイスを与え、さらに光緒帝と手を組んだら……。実際、会談で伊藤博文は**光緒帝への協力を惜しまない**としたのさ。

西太后ちゃんピンチ！

伊藤博文との会見の翌日、西太后の命令によって**光緒帝は逮捕された**。

皇帝が**チンバーバ**によって逮捕されたー!!

実は会見中、**屏風の後ろで西太后が話を聞いていた**のさ。こうして光緒帝は**幽閉**され、西太后は六三歳で再び実質的な**女帝となった**。これが一八九八年の**戊戌《ぼじゅつ》の政変**だ。背景には光緒帝が頼りにしていた近代軍隊を率いる**袁世凱《えんせいがい》**が裏切ったこと、そして満州貴族の**栄禄《えいろく》**が西太后を担ぎ上げたことがあったよ。

現代中国の基礎

一八九九年に反キリストを掲げる武装集団、**義和団**が貧しい農民を集めて武装蜂起する**義和団戦争**が起こると、西太后は義和団を支持して列強に宣戦する。その後、怒った列強が日本を中心とする**八カ国連合軍**を派遣して戦争を終わらせて北京を占領したので、西太后は西安に**逃亡**した。**光緒帝も一緒に**。

光緒帝、幽閉から出られてよかったわね！

光緒帝には三人の妻がいたんだが最も寵愛された**珍妃**《ちんぴ》は置いて行った。西太后が自分の死後、珍妃が**「第二の西太后」**になるのを防ぎたかったからだと言われている。

珍妃ちゃんは、**なりたいとか言ってない**のに。

珍妃は宦官によって、**井戸に投げ込まれて亡くなった。**二四歳だったよ。

いやあああ！

その井戸は板で蓋をされ、**二度と使われることはなかった**という。

使えるか！

こうして、西太后は西安で高い家具調度品に囲まれ、**芝居を観た。**

優雅な生活を再開！

義和団は無事に鎮圧され、西太后は北京へ戻り**光緒帝は再び幽閉。**そして、いよいよ

平松のワンポイント

【義和団】
白蓮教の流れをくみ、義和拳という拳法によって何にも傷つけられないスーパーパワーを身につけられると説いた、筋肉による秘密結社・武装集団です。これを支持する西太后って……。

七〇歳のお祝いが近づく一九〇四年……。

親孝行してくれるはずの**光緒帝は幽閉されてますけど!?**

お祝いができればいいんだよ。

もう**親孝行とか関係なくなっている。**

そんな中、**日露戦争が勃発**した。

いつもお祝いの時に戦争が起きるわね！ でも日本とロシアだから清とは関係ないか。

いや、日露戦争で戦場となったのは朝鮮と、**清の東三省（満州）**だった。

他でやってよ！ シベリアの空き地とかで。

既にロシアは東三省を占拠していて、さらに朝鮮に進出するのを食い止めるための戦争だったんだよ。**シベリアで戦ったら意味わかんない**だろ。そして日露戦争は**日本が勝利**し、西太后は……。

どうするの!?

七〇歳の祝典を縮小し、盛大に祝うことを**自粛**した。

諦めちゃったー！

彼女はついに**親孝行してもらえなかった**。だが西太后は晩年、かつて光緒帝を幽閉することで止めた改革を今度は**自分で行い、近代化を進めた**のさ。

すごいわねー。改革の重要さがわかったってこと？

というより彼女は移り気で、**西洋文化にハマった**から。

文化を楽しむため!?

女官にバレエやワルツを踊らせたり、西洋のファッションを楽しみだした。そんな西太后は一九〇八年、**七二歳の誕生日を六日連続で祝った**直後に体調を崩した。

誕生日ケーキを食べ過ぎたのかしら。

この時、**光緒帝も肺結核**にかかっていたよ。

二人とも大丈夫!?

西太后は光緒帝の後継者として、醇親王の孫でまだ三歳の**溥儀**を指名。光緒帝の異母弟の息子で、西太后の妹の血は引いていないが寵愛している**醇親王の孫**を選んだのさ。

醇親王はめちゃ愛されてるわね。

溥儀は西太后の前に**初めて連れて来られた**。その時の記憶を後にこう語っている。

偉大な西太后ちゃんとの対面ねー。

溥儀：薄暗い中から、**醜い痩せた顔**がのぞいていた。

まったく**気遣いがない！**

溥儀：私は彼女を見るなり**大声で泣きわめき**、**全身の震え**が**どうやっても止められなかった**。

そんなに!?

西太后は女官に指示し、果物に蜜をかけたお菓子をあげたものの**溥儀が床に投げ捨てた**ので西太后は機嫌が悪くなり、

西太后：ひねくれた子だ、あっちへ連れて行って遊ばせてあげなさい。

溥儀はまだ三歳なのよ、気にしないでね西太后ちゃん。

その翌日、**ついに……**。

え!? ま、まさか……。

光緒帝がこの世を去った。三七歳だったよ。

訃報を聞いた西太后は**容態が急変**したという。

そっちか――――い!

やっぱりショックよね、**幽閉していたとはいえ**光緒帝は我が子同然だったんだもの。

西太后は、高血圧からくる心不全を起こし、**翌日に息を引き取った**。七二歳だったよ。

うぅ、嫉妬深いし親孝行してもらいたがる、本当に**かわいい女帝**だったわ。天国で夫の咸豊帝と思う存分**お芝居を観て**ね。

夫婦そろって芝居中毒はないだろ。ちなみに光緒帝の遺体は一九八〇年に**科学的な調査**が行われた。

調査!?

身長は一六四センチ。傷跡はなく、暗殺の噂があったものの自然死と結論付けられた。しかし二〇〇八年、再び調査されると髪の毛などから**ヒ素**が検出され、現在は**毒殺という結論**になっているようだ。

えええーーー!!!　だ、誰が毒を!?

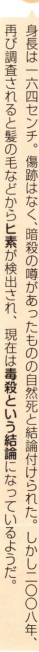

犯人は謎だが、自分より長生きさせないために**西太后が暗殺した**とも言われる。

親孝行してくれなかったからでは。

まだ根に持ってたのか！ じゃあ**幽閉するな**よ。

宣統帝《せんとうてい》・溥儀

こうして一九〇八年に三歳、正確には二歳九か月の溥儀が**宣統帝**として即位した。

おめでとうー！ 元気に育って良い皇帝になってね。

いや、宣統帝は清の……**ラストエンペラー**だったのさ。

ラスト!?

義和団戦争後、官僚になるための試験である**科挙**が廃止されたり、**新建陸軍**（新軍）と呼ばれる西洋式の軍が編成されるなど改革が行われた。その際に必要なお金は**増税**として国民に負担がかかるなどしたため、**孫文**《そんぶん》をリーダーとする**革命運動**が盛んになる。これが一九一一年に始まった**辛亥革命**だ。

革命！

宣統帝。1906～。本名は愛新覚羅 溥儀。
後の康徳帝。

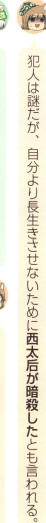

共和制の**中華民国**が建国されることになり、臨時の大統領には孫文が就任。清の総理大臣だった**袁世凱**が孫文と交渉した結果、**袁世凱は清を裏切った。**

総理大臣が国を裏切ることある!? そんで袁世凱って**光緒帝を裏切った奴**やん、裏切りすぎ!

袁世凱が中華民国の**臨時大統領に就任**し、**清は滅亡した**……。

袁世凱この野郎――! **滅びたやないか!**

一九一二年のことだった。清は二七六年の歴史を終え、**六歳**の宣統帝は何もわからぬまま退位となってしまったのさ。

まだ年長さんだからやり直せるわよ、一般人になっても頑張ってね。

いや、中華民国政府は**優待条件**をつけてくれた。溥儀は引き続き皇宮・紫禁城に住むことができ、**廃位前とほぼ同じ生活**が約束されたのさ。

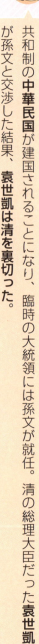

よかったわねえ!

ああ。四百万元の年金や宣統帝という尊称、歴代皇帝の陵墓の保持なども認められた。ただし三千人以上いた宦官は二千人ほどに減らされ、女官も減らされて三百人ほどになった。

五人ぐらいでいいでしょ。

五人で宮廷が維持できるか！

復位

袁世凱が亡くなると将軍の**張勲《ちょうくん》**らが軍事勢力を伸ばし、**清の復活**を目指して武装蜂起した。清の崩壊から一般人に**辮髪はほぼ廃止**されていたが、張勲は**辮髪を維持**していたという。

廃止されてるのに辮髪は、ただの**面白い髪型**やん。

まだ**面白い髪形扱い**にはなってないだろ。張勲は北京に入城を果たすとともに占拠に成功。一九一七年、**一一歳の溥儀は再び皇帝となる**のさ。

おめでとう——！

張勲の一派が反対派に攻撃されて**すぐに失脚**し、溥儀は**一二日で廃位**となった。

早ー!!

溥儀は今まで通り紫禁城で、ときどき**宦官をぶん殴る生活**に戻った。

変な生活に戻るなよ！

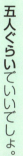

宦官は着替えのサポートや掃除、見回りや遊び相手まであらゆる雑務をこなす人々で、紫禁城では溥儀や皇族などによる**宦官への無意味な暴力**は普通だったという。宦官の**お尻をむきだし**にして木の板で何度も打ったり。

不憫すぎる。

かなりの近眼だった溥儀は紫禁城で初めて**メガネ**をかけ、**自転車**にも乗れるようになった。自転車で走る溥儀を**必死で追いかける宦官**の姿が見られたという。だが、宮廷は古い文化を守ろうとしていたので反応は悪く、苛立ちのせいか溥儀は**情緒不安定**になった。

大丈夫かしら。

些細なことで鞭を持って**宦官を打つ**こともあり、さらに溥儀は一四歳の頃に出会った宦官、小《しょう》王《お》三《さん》児《じ》と**男色の関係**にあったという。

宦官に**どんだけ負担かけてんのよ!**

三児は溥儀より二歳年上で見た目も美しく、頭脳明晰で温厚だった。その美しさから**何人もの宦官と関係を持っていたらしい**。

紫禁城が乱れすぎている。

溥儀も他の**宦官や女官**とも関係を持つようになったという。

どんなラストエンペラーなのよ。

だが一方で、**子犬のしつけがうまかった**というから**優しい面**もあったのだろう。**そうに違いない。**

犬好きですべてが許されている。

結婚

溥儀は一六歳の時、**結婚**をする。

こんな生活してる溥儀と誰が結婚したいのよ！

だからこそ結婚で溥儀が落ち着くことが期待されたんだよ。選ばれたのが満州貴族の娘、**婉容**《えんよう》と**文繡**《ぶんしゅう》だった。
しかし、同じ頃に溥儀の生母、瓜爾佳《ぐわるぎゃ》氏が**アヘンを大量に飲んで自殺。**まだ三七歳だったよ。

お母さーん！

即位後からずっと離れて暮らしていたから、溥儀の悲しみは少なかったと言われる。

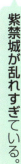

性的な倒錯

一六歳の婉容を皇后、**一三歳**の文繡を淑妃として結婚。

溥儀は結婚のタイミングで**辮髪**をやめた。

中一！

まだ辮髪やってたんか！　そりゃ奥さんが**戸惑う**からやめたのね。

そうじゃない、好きな西洋文化に**辮髪は合わない**だろ。しかし、無事に結婚したものの溥儀には**問題があった。**

むしろ**問題しかない。**

溥儀は**性的に不能**で、初夜を達成することができなかったんだ。

嘘つけーー!!　しっかり宦官や女官と関係持ってたでしょうが！

そう、思春期の**歪んだ性生活**で逆に**性的な興味を失ってしまった**んだよ。

それは大変ね。

婉容。1906～。溥儀の正妃。

とはいえ、宦官との**同性愛的なもの**は続いていた。

矛盾もいい加減にしろ！

結局、溥儀は妻の婉容とは一緒にテニスをしたり、**自転車**に乗って遊んだりするだけだった。

自転車の後ろでは**宦官が走ってる**んでしょうね。

一緒に遊ぶことはあっても、まともな夫婦生活がない中で婉容は寂しさを紛らわそうと、二年後には**アヘンを吸う**ようになったという。

溥儀のせいで婉容ちゃんがアヘンに手を出したー！

あんまり言うな。宦官との関係はともかく溥儀は女官にはただ弄ばれただけという話もあるんだ。余計なちょっかいをかけられた性的トラウマがあったのかもしれない。

紫禁城からの逃亡

婉容がアヘンを吸い出した一九二四年、**馮玉祥**《ふうぎょくしょう》がクーデターによって北京を制圧した**北京政変**が起きる。

よりによってアヘンを始めた年に……。

馮玉祥が掌握した中華民国政府は、

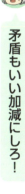

政府

いつまでも**満州人のお遊びに付き合っていられるか。**

と、辛亥革命で定められた**優待条件を破棄**し、溥儀たちを**紫禁城から追放した。**

えー!? そりゃ清が滅びてるのに皇室だけ維持されてるのは**不自然だと思ってたけど。**

お前が思ってるぐらいだから**政府はもっと不自然に思っていた**のだろう。こうして溥儀は皇帝の尊称を失い、家族や一部の**宦官**などと一緒に紫禁城を出た。ただし年金は四百万元から五〇万元（今の日本円で**約一千万円**）に減らされたものの支給され、私有財産は持っていくことができた。

優しさもある政府。

溥儀たちは北京市内にある東交民巷の**公使館区域**へと逃れる。この地域は各国の公使館が並ぶ**政府も手が出せない治外法権な場所**で、溥儀たちは**日本公使館で受け入れられ、保護**されることになる。前年に溥儀は日本で起きた**関東大震災に三〇万ドルの見舞金**を送っていて、好印象だったのも理由にあったかもしれない。

お見舞金ありがとう溥儀！

優待条件は廃止されても清室としての威厳や体面を維持し、少ないけど**宦官**や侍女がついていたよ。翌年には天津の**日本租界**へ移動。租界とは外国人が行政権などを掌握した地区のことで、彼らはここで**七年**を過ごすことになる。

長いわねー、きっと良い生活ができていたのね。

婉容は**アヘンの量が増え**、手首を切って自殺未遂を図ることもあった。

最悪の生活を送ってるやん！　もう婉容ちゃんは**離婚して自由になってほしいわ**！

一九三一年、溥儀は妻の**文繡**と離婚。

そっちの奥さんと離婚するんかーーい!!

夫婦生活に不満を持っていたのは**文繡も同じ**で、婉容と違って**側室扱い**だった文繡は何度も**自殺未遂を演じて**ようやく離婚を許されたという。結婚してから九年、文繡はまだ二一歳だったよ。

第二の人生で幸せになって。

満州事変

離婚と同じ年の一九三一年、満州にいた日本の**関東軍**が南満州鉄道を**爆破**。関東軍は自分で爆破したのに、

関東軍

中国軍の仕業だー！

と、攻撃を開始して満州を支配する。これが**満州事変**だ。

自作自演ね。

日本は満州を領有し**独立国家**として成立させる計画を立てていたが、それには**溥儀が必要**だった。満州の三千万人を納得させるには**清のラストエンペラー・溥儀**を迎えるのが一番で、それは溥儀が満州で**再び即位**することを意味していたのさ。

溥儀がまた皇帝になれるの!?

一一月、日本軍の手引きで満州へ向かうこととなった。出発の二日前には、溥儀を日本に渡したくない中華民国政府により**爆弾が届けられる**という事件も起こったという。

命を狙われてる！

満州国の誕生

こうして一九三二年、日本は**満州国**を建国した。

おおお！　溥儀は皇帝になれたのねー！

いや、満州国はとりあえず**共和制**となり、溥儀は**臨時の国家元首**にとどまった。

即位してないいんかい！

満州は五つの民族（日本、朝鮮、満州、モンゴル、中国）が共存できる**五族協和**をスローガンとしており、いきなり満州人の君主を立てると反発が生まれると思われたのさ。溥儀は**だいぶ怒った**が一年後の即位を条件に了承。新政府は新京に置かれ、溥儀は立派な館の西棟に、東棟には妻の**婉容**が住むこととなった。

婉容ちゃんも一緒ね。

やがて関東軍の中で**溥儀に関する噂**が流れる。

関東軍：溥儀は**男色の趣味**があるのでは？

バレとるやないか！

溥儀はかつて男色の関係にあった宦官の小王三児（改名して**王鳳池**《おうほうち》）を呼び寄せていたのさ。宦官は他にも十数人いたから怪しまれないと思ったのだろう。

怪しまれたからバレたのよ。

三度目の即位

満州の建国から二年が経った一九三四年三月、約束から一年遅れて溥儀は**康徳帝**《こうとくてい》として**即位**するのさ。この時二八歳。**三度目**の即位だったよ。

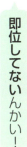

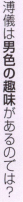

二八歳の若さで三度目！　おめでとう！

妻の婉容は夫婦仲の悪さによる精神不安定と**アヘンの吸い過ぎ**で**足元もフラフラ**で、**即位式にも出席しなかった**。しかし三月、日本の昭和天皇の弟宮・**秩父宮《ちちぶのみや》雍仁《やすひと》親王**が満州を訪問した時の婉容は**堂々と輝くような立ち居振る舞いを見せた**という。

さすが皇后だわー！

さらにこの年の夏、大変なことが起きた。

今度は何？

婉容が妊娠した……。

え――!?　溥儀の問題が解決したのね！

いや、溥儀の**身に覚えはなかった**。婉容から**妊娠を告げられた**溥儀はめちゃくちゃ驚き、

溥儀：私の子ではないだろう。

婉容：**陛下の子**です。**他に何があるというのですか**。

堂々としていれば溥儀も**そんな気がしてくる**わよね。

してくるわけないだろ！　婉容の**不倫相手**として官僚など二人の名が挙がったが、証拠がなく追放処分にとどまっている。婉容は頑なに産むことを譲らなかったのでその年の終わり、**女の子を出産**。

おめでとうー！

女の子は養子に出すという話で婉容から引きはがされると、そのまま**ボイラーの火の中へ投げ込まれた**。

いやあああああ!!

第三者の家庭に引き取られたとか、婉容の兄にもらわれたという説もあるよ。今のところはボイラー説が有力とされているけれど……。

岩手や**秋田**で育てられていたらいいわねえ。

なぜ東北かわからないが無事だといいな。

弟、溥傑《ふけつ》の結婚

溥儀は**日本を訪れて**昭和天皇と交流し、日本と満州の親交を深めた。

いらっしゃい溥儀。

特に天皇の母宮・**節子《さだこ》皇太后**の心遣いに感激していたという。一方、出産の一件から婉容は**軟禁状態**となる。身なりにも無頓着になりアヘンの吸引も増え、ガリガリに痩せていった。

リハビリ施設で療養して！

溥儀には後継ぎができそうにないので、溥儀の一歳下の弟・**溥傑に期待が寄せられた。**

最初からそっちに期待しろ！

溥傑は結婚していたものの不仲で子供がいなかったので、新たな結婚相手として**日本人女性**が選ばれることとなった。満州と日本のつながりを印象づけるのに最適なのだろう。

日本人!?

溥傑は日本の学習院高等科に留学経験もあり日本との縁が深かった。**公家華族の女性**から溥傑が選んだのは、嵯峨《さが》公勝《きんとう》侯爵家の孫娘、**嵯峨浩《ひろ》**だった。

ひろちゃんかぁー。

浩の祖母は明治天皇の甥の一人娘で、皇室とのつながりも深い名門だ。選んだ理由は溥傑によると、

溥傑

写真が、**好きな宝塚スターの草笛美子《よしこ》さんに似ていた**から。

理由それ!?

夫婦は政略結婚だったとはいえ、とても仲が良かったよ。

溥儀も見習え。

溥儀も結婚した。

はあああああ!? お前は結婚しなくていいわよ！

皇帝に**アヘン中毒の皇后しかいない**というのも困るだろ。

リハビリさせてあげなさいよ！

お妃選びについて、関東軍の幹部や大使との会見で溥儀はこう言っている。

溥儀

私は女性に興味がないような噂が立っているが、**そんなこともない**のです。たとえそうであっても、日本の俗な言葉でいうところの「**両刀**」なら問題ないでしょう。**ふぉっふぉっふぉっ。**

どうした!?

溥儀の笑い声は男とも女ともつかない**不思議な感じ**で、**宦官の笑い方とそっくり**だったという。

もはや**宦官と同化**してる！

こうして選ばれたのが満州旗人の娘、**譚玉齢**《たんぎょくれい》（妃としては祥貴人）だった。溥儀は三一歳、玉齢は**一七歳。**

若すぎるけど、**溥儀が手を出すとは思えない**から許す。

たしかに溥儀は玉齢と**夫婦関係を持つことはなかった。**両刀と言っていたのはただの強がりだったのさ。

溥儀
ふぉっふぉっふぉ。

笑いごとじゃないわよ！

玉齢は身長一六〇センチあるスラッとした美人でまつ毛が長くパッチリした目。夫婦関係はなくとも溥儀は年の離れた彼女を可愛がったという。それでも彼女は友人に対し、**不満そう**にこう言っていた。

玉齢
子供を産むことなど**一生ない**でしょう。

うう、奥さんが**誰も幸せになれない**……。

結婚から五年後、玉齢は突然**この世を去った。**腸チフスだと言われ、まだ**二三歳**だったよ。

玉齢ちゃ―――ん！！！

溥儀は彼女の写真を三〇枚以上持っていたといい、体の関係はなくても愛していたのだろう。**幸せにはできなかったけど。**

一番大事なことをできてないとはいえ、溥儀もつらかったでしょうね……。

玉齢の盛大な葬儀が執り行われ、翌年に溥儀は**また再婚した。**

いい加減にしろ――!!

溥儀は満州人の相手にこだわり、およそ五〇人の女学生の中から選ばれたのが**李玉琴《りぎょくきん》**、**一五歳**だった。この時の溥儀は**三七歳**だよ。

どんだけ若い子が好きなの。

玉琴は美人ではないがふっくらとしたかわいらしい子で、家は貧しかったのでかなりの玉の輿となった。溥儀は幾度となく**男性ホルモンをお尻に注射しても**性的不能は治らなかったが、玉琴は若いゆえに不満を持たずに済んだ。しかし、確実に**終わりは近づいていたのさ**……。

終わりそうなものがありすぎてどれかわからない！

終焉

一九四五年八月九日午前〇時、第二次世界大戦で日本の敗戦が濃厚になるとソ連の**スターリン**は、日ソ中立条約を破棄して**日本に宣戦布告**した。

何してんのよスターリン！

ほぼ奇襲攻撃で日本領である**満州国に攻め込んできた**のさ。午前一時には新京の近郊へも空爆が開始される。持てるだけの財産とわずかな側近、親族とともに通化へ逃れ、日本人が経営する鉱山会社の社員宿舎へ身を寄せた。出発の際、ほとんどの側近や職員、**宦官**には自由行動が命じられたという。

やっと**宦官を手放した！**

八月一五日に日本が敗戦すると、満州国もまた**敗戦が決定**。満州国の終わりは**皇帝がいなくなる**ことを意味する。

溥儀はどうなるの？

溥儀は**三度目の退位**となり、**愛新覚羅家の王朝は終わりを告げた……**。

ここまでかーー!!

この時の溥儀は三八歳。**清と満州国のラストエンペラー**はその役目を終えたのさ。

お疲れさま、**宦官と生きた皇帝**だったけど、三回も即位して役目を全うしたのは間違いなく凄いわ……。

その後

溥儀は日本へ亡命する予定だったが、途中で**ソ連軍に捕まった。**

おおおおーい!!

五年間、ソ連の捕虜として過ごすことになる。

ひどい目に遭っていないかしら。

監房では**自分で靴紐も結べない**溥儀のために、侍従を同室にしてもらったという。

ソ連が**意外と配慮してくれてる**。

捕まったのは先に出発した溥儀や弟など男性のみで、女性たちとは離ればなれとなった。一九五〇年、前年に建国された**中華人民共和国**に身柄を移されると**九年後**に模範囚として釈放。**一般人**として生きるのに慣れるため、しばらく**北京植物園に勤務**した。

植物園！

それでも一人で暮らすのは難しいため一九六二年、五六歳の溥儀は看護師で三六歳の**李淑賢**《りしゅくけん》と再婚。

いったい何回結婚すんのよ！

溥儀は掃除や洗濯といった**家事を覚えるよう努力**し、淑賢と一緒に**病院に通った**。

何か病気なの？

性的不能を治すためだ。

それか！

平松のワンポイント

【ソ連での溥儀】
この頃の溥儀は、中華民国への引き渡しを恐れて、ソ連永住とソ連共産党への入党を申し入れています……。残念ながら却下されてしまいますが……。

一九六七年、溥儀は腎臓がんによりこの世を去った。

溥儀：息が詰まりそうだ……。

妻の淑賢にそう告げたのが最期だったという。六一歳だったよ。

本当に波乱の人生だったけど、奥さんに看取られたのは幸せだったわよね。

妻の淑賢は一九九七年、七一歳まで生きた。彼女は**遺言**にこう書いている。

淑賢：私の骨は、**漢奸《かんかん》の溥儀と一緒に埋葬されたくない。**

どういうこと!?

漢奸とは主に**漢人を裏切った者**を指すが、溥儀が日本人によって満州国皇帝になっていたことを言っているのかな。

淑賢ちゃん、**溥儀のことめっちゃ嫌い**やん!

淑賢は溥儀の**性的不能を知らされずに結婚した**から仕方ないのかもしれない。

おい!

平松のワンポイント

【周恩来《しゅうおんらい》】

中華人民共和国に身柄を移された後の溥儀に何かと便宜を図っていたのは周恩来でした。釈放後の将来を見据えて、一般生活に慣れさせるために溥儀を北京植物園に庭師として派遣したのも彼の計らいです。

だが、彼も病院に通って治す努力はしていた。最も苦しんでいたのは、**妻を愛する気持ちだけはちゃんと持っていた溥儀**なのかもしれないよ。

そっか、愛する妻を幸せにしたい思いを抱えながら、叶えられないのは辛かったでしょうね……。

妻たち

婉容はソ連の侵攻の翌年、**アヘン中毒と衰弱**により亡くなっている。三九歳だったよ。

婉容ちゃ――ん！

李玉琴は実家の家族とともに故郷の長春に帰り、その後に**再婚**。二人の男児にも恵まれ、七二歳まで生きた。

玉琴ちゃんは幸せを掴めたのね。

強引に溥儀との離婚を勝ち取った**文繡**は女学校の教師となっていた。文繡は再婚禁止の代わりに生涯にわたって年金が支給される決まりとなっていたが、溥儀が完全に退位した一九四五年以降は支払われなくなった。貧しい生活の末に四三歳で亡くなり、ほぼ**餓死**のような状態で発見されたという。

悲しいわねー、でも自由を手に入れたことを後悔していないと思うわ。

愛新覚羅家は三代目皇帝、順治帝の子孫が**日本で眼科医**をするなど現在でも続いているというから、そのうち**ご近所で会えるかもしれない**。激動の時代でも最後まで生き抜いた彼らに。

癖は強かったけど凄い人たちだったわ。溥儀も生まれ変わったら一般人として**北京植物園で定年まで働いて**ね。

妻を幸せにするとか他にあるだろ！　なんで生まれ変わって**勤務をやり通す**んだ。

愛新覚羅家家系図

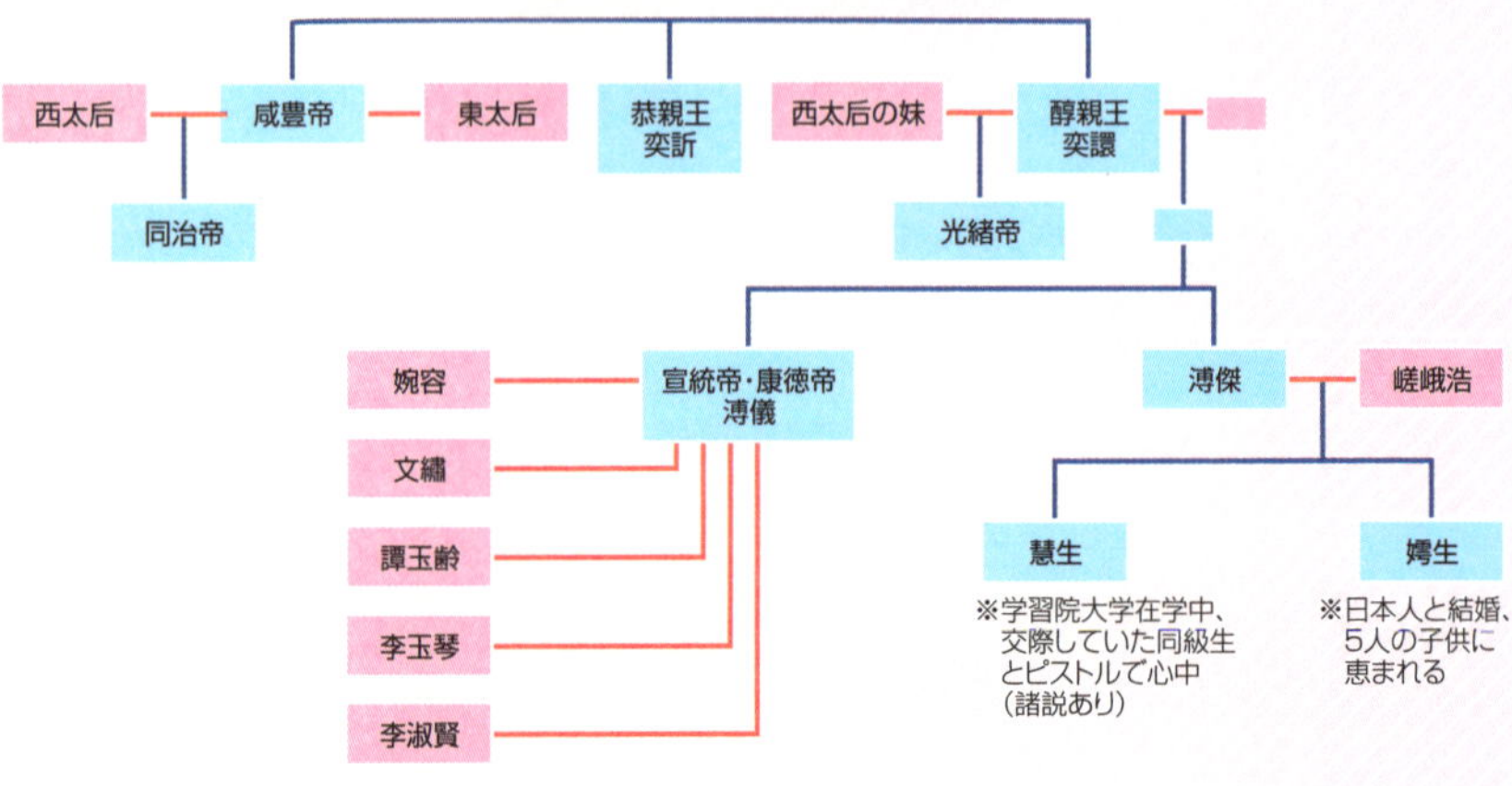

第3章

フランス・ブルボン家

フランス・ブルボン家

もなか
みるく

※主な登場人物は218ページの家系図も見てみよう。

続いては**愛の国**フランスの王族、フランス・**ブルボン家**を追っていこう。彼らの歴史はまさに**絶対王政の発展と衰退を描いた、悲劇のドラマ**だ。繰り返される戦争の中、複数の暗殺、処刑、**次々と出てくる愛人**。

最後がおかしい。愛の国って**愛人が多い**って意味かよ。

まずはこの人から始めよう、ナバラ王国の王子**アンリ**。一五五三年生まれだ。

フランスの王子じゃないのね。

父親はフランス・ブルボン家当主**アントワーヌ・ド・ブルボン**。そして母親の**ジャンヌ・ダルブレ**がナバラ王国の女王だったため、アンリは**ナバラ王子**でもあったのさ。ブルボン家はフランス王フィリップ三世の弟ロベールの家系で、フランスの王族**ヴァロア家**にもっとも近い一族だった。

平松のワンポイント

【ナバラ王国】
もとは現在のスペインとフランスにまたがっていた中世イベリア半島北部のキリスト教の小国です。周辺の様々な王国の支配を受けましたが、1589年にナバラ王位はフランスに統合されました。

ナバラ王子アンリ

アンリは七歳の時にフランス宮廷に呼び寄せられ、教育を受けることになる。当時のフランス王は一一歳の**シャルル九世**だ。

小五！

まだ小五なのでシャルル九世の母で王太后**カトリーヌ・ド・メディシス**が摂政をつとめていた。一五六二年、フランスの九割を占めるカトリックと、ユグノーと呼ばれる**カルヴァン派プロテスタント**との「**ユグノー戦争**」が勃発。この戦いでアンリの父アントワーヌは負傷して亡くなってしまった。

お父さーん！

一五六四年、王太后カトリーヌはフランス全土の巡行「**ツール・ド・フランス**」を開始、そこにナバラ王子アンリも加わっていたよ。この旅で彼らは占星術師**ノストラダムス**に占ってもらっている。

その占い当たらないわよ。

平松のワンポイント

【カルヴァン派】
宗教改革において、カルヴァンの教説を信じる人々の派閥で、その教えの中心は「予定説」でした。プロテスタントの１つであり、各地に広まり、イングランドではピューリタン、フランスではユグノーと呼ばれました。

一九九九年に地球滅亡の予言はハズしてたけども。とはいえ、この時にノストラダムスはこう予言した。

ノストラダムス
国王（シャルル九世）の治世は長期にわたる。

ほんまか？

さらにアンリをなぜか**全裸**にして、**よく眺めてから**予言した。

ノストラダムス
アンリはフランス国王となり、しかも治世は長く続くだろう。

占い方きっしょおおお!!

予言きっしょ。

予言はきしょくないだろ。だがシャルル九世には弟が二人いて、アンリに王冠が回ってくるとは考えづらかった。さらに旅の途中でシャルル九世の姉**エリザベート**と再会したところ、**プロテスタントを迫害するための密談である**と誤解されて**第二次ユグノー戦争**へ向かうこととなる。

なんで会っただけで誤解されたん!?

エリザベートの夫はスペイン・ハプスブルク家の**フェリペ二世**だったのさ。フェリペが妻**メアリー一世**

ナバラ王子アンリ。1553～。ナバラ（ナヴァーラ）王としてはアンリ3世。のちのアンリ４世。母方の曽祖父フアン３世は、チェーザレ・ボルジアの妻シャルロットの兄。

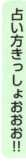

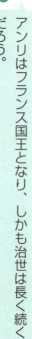

を亡くした後、再婚したのがエリザベート。フェリペはプロテスタントを異端審問にかけたりして迫害していたから誤解を生んだんだろう。

フェリペ二世がブルボン家にもつながっていたとは！ **眉毛つながってるだけあるわ。**

フランス王家はカトリックだが、ナバラ王子でプロテスタントのアンリはユグノーの筆頭に立ち、**フランス王家とアンリは対立**することとなった。そこで王太后カトリーヌは**和解**のためアンリと、フランス王シャルル九世の妹**マルグリット**を結婚させた。二人とも一九歳になる同級生同士だったよ。

おめでとうー！

結婚が決まって間もなく、ナバラ女王だった母が亡くなったためアンリは**ナバラ王**となった。婚礼の数日後、ユグノーの中心人物が何者かに狙撃されたのを機に、多くのプロテスタントが襲われて命を落とす「**聖バルテルミーの大虐殺**」が起きてしまう。

和解できてないやん！

虐殺を恐れたプロテスタントは改宗もしくは亡命した。プロテスタントのリーダーでありながら命拾いしたアンリはフランス宮廷の言いなりになるしかなく、**カトリックに改宗**したものの**プロテスタント勢力に戻りたかった。**

改宗した意味もない。

何度協定が結ばれても戦いが終わらない中、第五次ユグノー戦争中の一五七四年、国王**シャルル九世が結核で亡くなった。**まだ二三歳だったよ。

国王（シャルル九世）の治世は**長期にわたる。**

やっぱり予言当たらんな！

プロテスタントに戻りたくても**脱走がうまくいかない**アンリはやがて宮廷生活を謳歌するようになり、**妻がいるのに恋愛する**ようになった。

プロテスタントに帰れ。

フランス王にはシャルル九世の弟で既にポーランド王だった**アンリ三世**が即位。そんな中、王太后カトリーヌから冷遇されて不満を溜めていた大貴族たちが宮廷を**脱走**してプロテスタント軍に加わった。彼らは「**不満派**（マルコンタン）」と呼ばれるよ。

先に**不満派が脱走**したわね。

アンリ３世。1551 〜。フランス、ヴァロア朝の王。ナバラ王アンリ、ギーズ公アンリとともに三アンリと呼ばれる。

アンリは翌年一五七六年二月、狩猟大会の途中で**脱走に成功**。

みんな宮廷から脱走したがる！

再びプロテスタントに戻ったアンリは再度彼らのリーダーとなり、三年後の一五七九年に**第七次ユグノー**戦争が勃発して翌年にようやく終結した。次なる争いのきっかけは、王弟の**フランソワ**が結核で亡くなったことだった。1章でエリザベス一世にプロポーズしていた**アンジュー公フランソワ**だよ。

カエルちゃーん！

これで王家の男子は三三歳のフランス王**アンリ三世ただ一人**、さらに息子もいなかった。そうなると次なる王位継承者は三一歳の**ナバラ王アンリ**となる。

おおお！　まさか王冠の順番が回ってくるの!?

だが、プロテスタントのリーダーであるアンリを王にしたくないカトリック派は「**ジョワンヴィル協定**」を結び、**異端者には王位継承を認めない**ことを決議。代わりに**王位継承者に選ばれた**のはアンリの父アントワーヌの弟で六一歳の**ブルボン枢機卿シャルル**だった。ブルボン枢機卿の評判を聞いてみよう。

アンリの叔父かぁ、きっと評判の良い人なんでしょうね。

シャルルの評判

頭が悪い。優れたところがない。国務会議の**邪魔者**。

なんで選ばれたのよ！

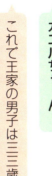

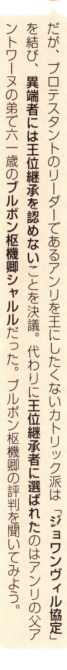

他にいないから。

人選に不満だわ。私も**不満派**に入ろうかしら。

そういう不満じゃない。この協定にはフェリペ二世も参加していて、他国も巻き込んだ大規模な「**旧教同盟**」となっている。一方でフランス王アンリ三世と、有力貴族ギーズ家で旧教同盟の中心人物である**ギーズ公アンリ**が結託していた。

アンリ多いな。

ギーズ家はテューダー家にも出てきた**メアリ・スチュアート**の母メアリ・オブ・ギーズの実家であり、さらに**メアリの最初の夫はアンリ三世の長兄フランソワ二世**だった。フランソワ二世は即位して一年ほどで亡くなっているんだけど、この結婚によってギーズ家は貴族の中でも台頭していたのさ。ナバラ王アンリは**選択を迫られる**。彼らに屈するか、**武力で王位継承権を奪還**するか……。

どどど、どうするの!?

彼はイギリスやデンマーク、ドイツに軍資金や傭兵を募って兵を率いた。そうして始まったのが**アンリ三世、ギーズ公アンリ、ナバラ王アンリ**による**三アンリ**の戦いだ。

戦うことを選んだのねー！

三人とも三十代前半。全員がかつてツール・ド・フランスで**共に旅をした仲間**だったのさ。

ノストラダムスの**全裸占い仲間**か……。

それじゃ**ノストラダムスが全裸**みたいだろ。こうしてクートラで始まった会戦はカトリック側が**六〜七万**、対するナバラ王アンリ軍は**三〜四万**、数では劣勢だ。

どっちも頑張れー！

勝ったのは……**ナバラ王アンリ**だった。**初めて**プロテスタントの勝利で終わった会戦だったという。

ずっと負け続けてたんかよ！ やっと勝ててよかったわー、おめでとう！

だが**戦いは終わらず**、一か月後にはドイツの援軍がギーズ公アンリ軍に敗れている。すると休戦を急ぐアンリ三世と、敵軍の全滅を望むギーズ公アンリに亀裂が生じた。パリ市民がギーズ公アンリを支持したことで、**ギーズ公はアンリ三世に仕える貴族によって暗殺されてしまう。**三七歳だったよ。

急な暗殺ー!!

ギーズ公を暗殺された旧教同盟はアンリ三世を許さなかった。パリでは国王を打倒する声が高まり、アンリ三世はパリから**脱走**せざるを得なくなる。

国王まで脱走するんかよ！

そんな中で八月一日の朝、ドミニ修道士がブロワ城にいるアンリ三世への謁見を望み、国王の部屋へ通された。修道士は重要な話だからと立ち合い人に退出してもらうとアンリ三世に書面を渡した。アンリ三世が書面に目をやった**その瞬間**……、

な、何!?

修道士は短剣を取り出し、**アンリ三世の下腹部に突き刺した。**国王の叫び声によって駆けつけた貴族たちに修道士は取り押さえられ、その場で殺害される。**アンリ三世は翌朝、命を落とした。**三七歳だったよ。

アンリが二人も暗殺されてしまった――!!

一説にはアンリ三世は亡くなる前にナバラ王アンリを後継者に指名したとも言われるが真実は定かではない。どちらにしても王位継承順位を定めた王国基本法において**新国王はナバラ王アンリ**に他ならなかったのさ。

とうとう王冠がこの人のもとへ来たのね！

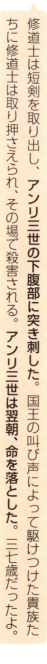

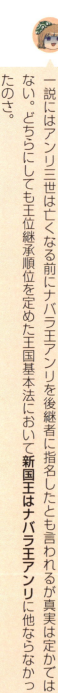

ああ。一五八九年、ナバラ王でありブルボン家当主のアンリは**フランス国王アンリ四世**となった。当時三五歳、**ブルボン朝の始まり**だ。

おめでとうー!!

しかし、プロテスタントであるアンリ四世は国王として認められず**パリに入れてもらえなかった。**

国王が締め出されるのは笑うしかない。

旧教同盟はアンリ四世の叔父、ブルボン枢機卿を新国王**シャルル一〇世**とした。アンリ四世は**パリに入れてもらうための戦い**をすることになる。

国王の戦いとは思えないわね。

パリを包囲したり**頑張る**が失敗し**四年後**の一五九三年、旧教同盟が擁立した国王シャルル一〇世が亡くなったため**全国三部会**が開かれた。三部会とは聖職者と貴族、平民の代表が集まって討議する場で、新国王がなかなか決まらずにいると**フェリペ二世**が**自分の娘をフランスの女王にしろ**と圧力をかけてきた。

すぐ出てくるなよフェリペ！

フェリペ二世はフランス王女のエリザベートと結婚していたから、エリザベートとの間に生まれた娘を女王にしろってことだ。困ったフランスは、もはや**アンリ四世をカトリックに改宗させた上でフランス国王と認めるしかない**と決めたのさ。

フェリペのおかげでアンリ四世が認められたとは。

パリ入城

即位から**五年後**の一五九四年三月二二日、アンリ四世は**パリに入城を果たした。やっとパリに入れてもらえた**アンリは、カトリックとプロテスタントが一丸となって戦える相手として**スペインに宣戦布告**した。

スペインって、**またフェリペ二世かよ！**

フランスが優位に進み、スペインと平和交渉に入った段階でプロテスタントの信仰の自由を制限付きで認める「**ナント王令**」を発布。この王令により一五九八年四月、ついに**ユグノー戦争は終結**した。**四〇年**に及ぶ長い宗教戦争は終わりを告げたのさ。

やっと終わったのね……！

直後にスペインとも和平が結ばれ、戦いは引き分けに終わった。こうしてフランスに久々の平和が訪れたのさ。**五年も締め出された王によって。**

後継者問題

アンリは四四歳になっていたが**子供が一人もいなかった。**妻のマルグリットとは不仲で、**二人とも愛人を作っていた**という。アンリは妻と別れて**二五歳の愛人ガブリエル・デストレ**との再婚を望んでいて、ガブリエルとの間には**子供が三人**いた。

愛人には子供いるんかよ！

カトリックは離婚禁止だ。アンリは自分の祖母とマルグリットの祖父フランソワ一世が姉弟だったことを理由に、**近親婚**だとして**結婚無効にしようとした。**そんな中、**突然ガブリエルが重病にかかり、**男児を死産した後に**亡くなった。**

ガブリエルちゃ――ん！！

離婚問題の最中だったので毒殺が疑われたが、アンリは深く悲しんだ。黒い衣服を身にまとい、彼は**愛人の死で喪に服した唯一のフランス王**となったのさ。マルグリットは離婚に承諾し、アンリは、側近が結婚相手にと推していたトスカーナ大公の娘**マリー・ド・メディシス**との再婚話が進んだ。マリーの父親はメディチ家のトスカーナ大公フランチェスコ一世で、かつての王太后カトリーヌ・ド・メディシスの遠縁でもあるよ。

喪に服してるのに再婚話が進むなんてつらいでしょうね。

アンリはもう**新しい愛人アンリエット・ダントラーグ**に恋していたよ。

アンリの女性関係に不満な人、集まれえええええ!!

不満派を結成するな!

再婚

こうして**四七歳**のアンリと**二五歳**のマリー・ド・メディシスは結婚。

歳の差!

マリーはフランスに着いても、リヨンでアンリの到着を**一か月も待たされる**こととなった。アンリが遅かったのはサヴォワ公国との戦争に出陣していたからとも、**愛人アンリエットと旅行中だったから**とも言われる。

マリー・ド・メディシス。1575～。アンリ四世の王妃。銀行家で財を成したフィレンツェのメディチ家出身。フランスがメディチ家に莫大な借金をしていたので、一部を帳消しにしてもらうための小賢しい縁談。

平松のワンポイント

【メディチ家】
フィレンツェの大富豪でルネサンスの保護者として知られました。ボッティチェリ、ミケランジェロ、レオナルド＝ダ＝ヴィンチなどそうそうたる芸術家のパトロンとなりました。

最低か。

結局、アンリエットとは子供を**三人**作り、別の愛人二人とも計三人の子供を作っている。

いちいち**三人ずつ子供作ってんじゃないわよ！**

一説によるとアンリの愛人は生涯で**五六人**だから、もっと子供がいてもおかしくないぐらいだよ。

こいつ、**モテるために国王になった**のでは。

マリーは豊かな金髪でふくよかな美人、アンリはスリムな美人がタイプだったので**完全に不仲**だったという。二人の間に**子供は六人**。

夫婦仲と子供の数が合ってない！

絶対王政への道

平和の維持、戦いで破綻寸前の財政の立て直し、復興……多くの課題を抱えていたが、アンリ四世は**優れた政治手腕**で解決への道筋をつけた。国家経済の再建や教育の充実、公共事業の活発化を実行した。ルーヴル宮の増改築などの建設に力を入れて国王としての威光を強調しつつ芸術家などを招いて住まわせ、創作活動を支援した。ブルボン王朝における**絶対王政への礎を築いたのはアンリ四世**なのさ。

王様としては優秀だったのね、**意外**だわ。

戦争を仕掛けることでスペインの勢力拡大を阻止しながらフランスの領土拡大にも貢献。一六一〇年五月、ハプスブルク家に敵対するドイツ内プロテスタント勢力を支援するため自ら出陣することになる。スペイン領の南ネーデルラントの一部を手に入れる構想を練っていて、これは**南ネーデルラントに愛人候補がいたから**とも言われる。

いつも理由ひどいな！

国民からは「**良王アンリ**」と呼ばれて幅広く愛されていたんだよ。しかし、そのせいで**権力上層部から疎まれ**、その治世の中で**二〇人から暗殺を企てられた**という。

私も含まれてる？

お前は企てるなよ。出陣する数日前からアンリは**不安を口にしていた**。

アンリ四世

四輪馬車の中で死ぬ、と**予言**されたのだ……。

また**全裸**になったん？

全裸占いじゃねぇか。ノストラダムスはこの頃はもう死んでるから違うと思うぞ。そしてアンリの乗った四輪馬車はルーヴル宮を離れ、お供の従者が先回りして待つために馬車から**離れた瞬間**……、見物人の中から飛び出した男が、馬車の扉の窓越しに**アンリを短刀で突き刺した。**心臓と肺を刺され、**アンリは突然この世を去った。**五六歳だったよ。

アンリ——!!

犯人は中年の狂信的なカトリック信者の男で、単独犯とされているが多くの歴史家は**権力上層部による陰謀ではないか**と疑っているという。アンリ四世の治世はフランス王としては**二〇年間**。宗教戦争を戦い抜いて争いを終わらせるなど功績は大きい。奇跡的に巡って来た王冠だが、**その輝きにふさわしい名君**だったと言えるだろう。

素晴らしい王様だったのね。ノストラダムスの予言は**珍しく**当たってたわ。

ルイ一三世

ルイはアンリ四世の長男。生後**二か月**で両親から離れて養育係の**モングラ夫人**に預けられる。モングラ夫人から文字や道徳、宗教の教育を受けて信心深い子に育った。幼少期に**彼がモングラ夫人に言った言葉**があるよ。

ルイ一三世
お前を殺す――――!!

ちゃんと教育されてないやん!

父親が来て**愛人の子を可愛がるとキレた。**嫉妬深くて傲慢、猜疑心が強くてすぐキレる**手に負えない子供**だったのさ。父アンリ四世は愛想が良く寛大な人だったのに彼は正反対で、さらに**女嫌い**だった。

父親と正反対にもほどがある!

七歳になると両親のいるルーヴル宮とフォンテーヌブロー城へ移り、王族のしきたりのもと養育係が男性に変わる。あまり勉強は好まず狩りや乗馬、武術に熱中していた。そんな彼が八歳の時に父**アンリ四世が暗殺**され、ルイはこう**叫んだ**という。

ルイ一三世
私がついていたら、奴を剣で**刺し殺したのに!**

すぐ殺そうとする! 相手は犯人だからしょうがないけども。

こうしてルイは、九歳の誕生日を前に**ルイ一三世**として即位した。

まだ**小三**! がんばってね! ……**おじさんやないか。**

ルイ13世。1601〜。アンリ4世の長男。母乳を飲んだ期間は2か月。

やめなさい、肖像画の時は**三四歳**だ。

なんか顔の面長感や鷲鼻、**厚めの唇**に既視感があるような……。

彼の母マリー・ド・メディシスの母**ジョヴァンナ**は**フェリペ二世の父方のいとこ**で、ルイ一三世は**ハプスブルク家の血を引いていたんだ。**そのため鷲鼻や長めのアゴなど**ハプスブルク風味を感じる。**

アゴを輸入してた――――！！！

ハプスブルク家の血を引くことを**アゴの輸入**と言うんじゃない。そんなルイだが新国王としてパリ高等法院で演説したり成聖式をしたり忙しく過ごした。そして、ルイは**フランス史上最も頻繁に、戦場で陣頭に立った国王の一人**となるのさ。

キレやすいだけあって戦いに向いてるのね。

とはいえ**まだ小三**なので、母マリーが**摂政**となって実権を握った。マリーは権力欲が強く、本来なら王の母として王太后になるんだが王が未婚なことを理由に**王妃を名乗り続けた**という。彼女はスペインと対立し続けたアンリ四世とは対照的に**親スペイン、親ハプスブルク政策**を採った。

マリーちゃんはハプスブルクの血を引いているものね。

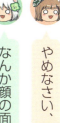

そのためマリーはルイ一三世と、スペイン国王フェリペ四世の姉**アンヌ**を結婚させることにした。

※フェリペ四世は、フェリペ二世の孫。

アゴを輸入した――!!

やめなさい。しかも、ルイ一三世の妹エリザベートとフェリペ四世も結婚するという**二重結婚**だったよ。

輸出もされた――!!

落ち着け、**ブルボン家がアゴを輸出する**のは意味がわからないだろ。実際の結婚はルイの成人後だが、これがプロテスタントの反発を招いた。

プロテスタント

強いカトリック国であるスペインとの縁談は**新たなプロテスタントの弾圧**につながるのでは!?

だが、マリーが最も批判されたのは、故郷イタリアにいた時から親しい侍女**レオノーラ・ガリガイ**と、レオノーラが寵愛されていることを利用しようと結婚した**コンチーニ**の夫妻を**溺愛**して、金銭や宝石、地位や名誉も惜しみなく与えていたことだった。

私にもお願い。

一六一四年、**一三歳**のルイは**成人宣言**をする。王が成人になると摂政は必要なくなるが、マリーは全国三部会で聖職者の支持を得たことで引き続き実権を握った。翌年八月、予定通りルイは**スペイン王女アンヌと結婚**。二重結婚も成立し一一月二八日、ルイとアンヌはボルドーのサン・タンドレ大聖堂で挙式した。

おめでとうー！

当時の結婚は**初夜**の達成が重要だが、ルイ一三世は**まったく急いでいなかったんだ**。

急いでないとか**そういう問題じゃない**気が。

ルイは相手が女性というだけで軽蔑する**男尊女卑野郎**だったのさ。

最悪かよ！

困った母マリーはルイを強引にアンヌのベッドに入らせて、「結婚は**問題なく成就しました**」と、暗に**初夜の成功を公式発表**した。だが、実際はまったく成功しておらず本当の成就は**四年後**だったと言われる。

遅いなあああ!!

コンチーニの最期

一六一七年、ルイは成人してから三年になるが、母マリーが実権を手放さないことに苛立っていた。そ

の憎悪はマリーへの影響力をどんどん強めていた**コンチーニ夫妻に向かう**ことになる。

ルイ十三世
国王の私が**国務会議にめったに呼ばれない**のはコンチーニのせいだ。

悲しいな！

ルイ十三世
コンチーニを**殺そう。**

すぐ殺そうとする！

言っただろう、彼は「**戦いの王**」だ。

敵国と戦え！ なんで**戦う相手がコンチーニ**なのよ！

ルイは数人の腹心とともに陰謀を企てる。そしてルーヴル宮の跳ね橋を歩くコンチーニに親衛隊長ヴィトリが近づき、逮捕を告げるとコンチーニが抵抗したので**手下によってピストルが発射**された。五発中、**三発**がコンチーニに命中して即死。

ちょっと外してるわね。

ルイ十三世
あー、**これで国王になれた**わ。

ルーヴル宮で報告を受けたルイはそうつぶやいたという。コンチーニの妻レオノーラは罪をでっちあげるため**魔女**であるとされ、**斬首刑となった**。そして、母マリーをパリから遠いブロワ城に**幽閉**した。

レオノーラちゃんの処刑もひどいのに、**なんでお母さんまでー！**

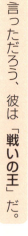

実権を渡さないのはマリーだからな。それに、ルイとマリーは仲が良くなかった。

ルイが言うことを聞かなかったら**鞭で打ちまくるべし**。

と、**ルイの養育係に命令**していたぐらいだ。

モングラ夫人に暴言吐いてたけど、その後ルイは**鞭で打たれまくってたのね**。

寵臣リュイヌ

ルイは国王としてようやく実権を握ったが、国王として政治をするための**帝王学を学んでいなかった**。

なんで**一番大事なこと学んでないのよ！**

そこでルイは事実上の宰相として二三歳年上の**シャルル・ダルベール・ド・リュイヌ**を重用した。リュイヌは南フランスの小貴族で、ルイが十歳の頃から親しかったんだ。

子供の頃からの寵臣なのねー。

いや、リュイヌは**宮廷で鳥を飼育する係**だったのさ。

飼育係やないか!!

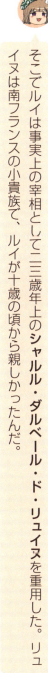

ルイは狩りの中でも**鷹狩り**が好きだったんで、飼育係のリュイヌとはすぐに親しくなったという。宰相となったリュイヌだったが、**政治の能力はまったくなかった。**

そりゃ政治じゃなく**飼育のプロ**だからね！　宰相にする前に**なんで誰もツッコまないのか！**

リュイヌは政治ができないだけでなく**私利私欲を追求してばかり**いて、宮廷の内外で不満が噴出した。

不満派がまた出てきた。

そんな中、一六一九年に幽閉中の母マリーがリュイヌに不満を持つ貴族と手を組み、窓から**脱走**。

ブルボン家は脱走が多いわね。逃げられてよかったわ。

マリーは反乱軍に合流。ルイも三万に及ぶ歩兵と六〇〇の軍馬を集め、こうして歴史上稀に見る「**母子戦争**」が始まるのさ。**戦いの王**だからな！

戦う相手**お母さん**かよ！　親子喧嘩に**武力使うな！**

劣勢だったのはマリーで、和平交渉が始まると**アンジェ協定**を結んで争いは終わった。

三頭政治

二度の協定で調停役を務めたのがリュソン司教で三九歳の**リシュリュー**だった。彼は優れた政治センスを持ち、一六二一年に**リュイヌが戦死**するとリシュリューは**国務会議の長**へと出世する。

リュイヌの死を**鳥たち**が悲しんでいるでしょうね。

会議に出席できないマリーはリシュリューを通じて影響力を持つこととなり、**ルイとリシュリュー、マリーの三頭政治**が始まった。マリーの摂政政治と母子戦争によってフランスの王権強化は中断していたが、再び**絶対王政への道**を進み始める。例えば貴族が行っていた決闘での問題解決を禁じ、国王が定めた法律で解決させた。違反者は実際に処罰され、ルイは**国民に絶対服従を要求した**のさ。

帝王学を学んでない人に言われてもなぁ。

神聖ローマ帝国は一六一八年から**カトリックとプロテスタントの争い**（三十年戦争）を始めていた。

また宗教戦争やってんの!?

平松のワンポイント

【リシュリュー】
アレクサンドル＝デュマの『三銃士』に悪役として登場することで知っている人も多いのではないでしょうか。これを機に『三銃士』を読んでみるのもオススメです!!

このままだと神聖ローマ帝国とスペインの両カトリック国を治めるハプスブルク家にフランスが包囲されるので、リシュリューは**対ハプスブルク政策**を採る。国内のプロテスタントの反発もあったがリシュリューは**容赦なく鎮圧**。しかし、三頭政治の発足から約四年後に**王太后のマリーがルイに詰め寄った**。

マリー **私とリシュリュー、どちらかを選べ！**

急な**お母さんとおじさんの二択！**

親ハプスブルクのマリーはリシュリューの政策も、彼が宰相として重用されていることにも我慢ならなくなっていた。

過去に争っていたとはいえ、大事なお母さんに言われたらどうしようもないわね。

ルイは**リシュリュー**を選んだ。

嘘やろおい!!

ルイも最初はリシュリューに不信感を抱いていたが、有能さを見るうちに信頼するようになっていたのさ。選ばれなかったマリーはコンピエーニュ城に**軟禁状態**となってしまうが、半年後に**脱走**。

さすがブルボン家だわ！

マリーはヨーロッパ各地を転々としながら二度とフランスに戻ることはなく、一一年後にケルンでこの世を去った。六七歳だったよ。

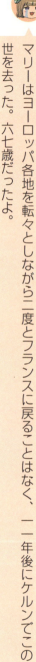

うぅ、マリーちゃん……。

こうして二頭政治となったルイとリシュリューだが、実権を握ったのは**ほとんどリシュリュー**だった。ルイは**帝王学を学んでないくせに**何でも自分で決めたがるので、リシュリューはルイに選択させるふりをしながら**自らの希望する案へと誘導**していたという。

国王が**チョロすぎる。**

一六三五年にはスペインと神聖ローマ帝国へ宣戦布告し、**両ハプスブルク家と対立**する。ここから一六五九年のピレネー条約まで続く**三十年戦争に介入**することになり、ルイは武勲を挙げる機会を見つけては**自ら出陣**した。

何度も結婚してるハプスブルク家との戦いは残念だけど、やっと戦いの王らしくなった。

後継者問題

ルイにはなかなか**子供ができなかった。**

そりゃ**男尊女卑野郎**だものね。

結婚から**四年後**にようやく妻アンヌの寝室へ行くようになるが、アンヌは三度続けて流産してしまう。三度目は彼女が侍女二人とルーヴル宮の大広間を**飛び跳ねて走り回り**、転んだのが原因だったという。

ルイはアンヌを軽率だと罵り、さらに冷たく接した。アンヌがときどき戦場へついて行っても、ルイは暇を見つけては狩りのため郊外のヴェルサイユへ行ってしまい**狩り用の小屋まで建てて滞在**するようになる。

王様が小屋で生活するなよ。

同い年のアンヌはルイと正反対に社交的で、かなり美人なので男性たちの憧れだったという。ルイはアンヌを**放置するくせに嫉妬深く**、他の男性がアンヌの居室に留まるのを禁じた。

ルイを**ぶん殴ってくる。**

斧を持って**小屋に行くな**。そんな二人だが結婚から**二三年後**、三七歳のアンヌは**なんと妊娠**。

すごいー！

後継ぎはもう絶望視されていたんで人々は、

人々：**父親はほんとにルイか？**

失礼なことを言うな。

人々：王が王妃の寝室で一夜を過ごすよう、**誰かが仕組んだのでは？**

仕組めるか！

アンヌの**不倫相手候補**にはアリバイがあったので疑いは晴れている。

候補いたのね！

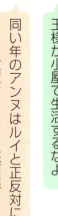

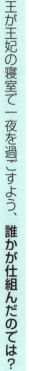

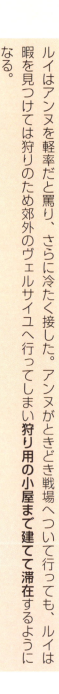

一六三八年九月、**待望の男児が生まれた**のさ。

おめでとう――――!!

ルイは珍しくアンヌに付き添っていたが、誕生の知らせを受けた時は**朝ご飯を食べていた**という。

肝心な時にご飯食べに行ってんじゃないわよ!

ちなみにこの頃、ルイにはオートフォール嬢という**愛人**がいた。

え? ……**はああああ!?** お、おまえ**女嫌いじゃないんかい!!**

実はルイには生涯で何人か**男女**の愛人がいたことがわかっている。

愛人に**男女両方おる!**

基本は女嫌いのルイには**男色の趣味**もあったが、信心深いルイなので**体の関係はなかった**と言われる。

あったと言われても困るけどね、既婚者なんだし。

会話も**ほとんど信仰について**だったらしい。

全然おもんないやん!

一方、リシュリューはオートフォール嬢が影響力を強めることに危機感を抱き、彼女と引き離すためルイにサン・マールという**美少年**を近づけた。

リシュリューが**ルイの性癖を把握しとる！**

ルイはたちまち**美少年に夢中**になった。

やっぱりチョロいな！

ルイとリシュリューの最期

ルイ一三世の愛人になった男性はみんな**調子に乗った**という。

意外と**愛人を甘やかすタイプ**だったんかルイ！

美少年サン・マールも自分を**国務会議のメンバーにしろ**とか要求し、リシュリューが拒否している。

サン・マールは**オートフォール嬢の方に近づけた方がよかった**のでは。

リシュリューを逆恨みしたサン・マールは、ルイの弟ガストンと共に**リシュリュー暗殺の陰謀**を企てるが、陰謀は事前に発覚し、**サン・マールは処刑された。**

ルイが**喪に服したら**どうしよう。

ガストンはサン・マールに**責任を全部押し付けて**助かった。そしてサン・マールの処刑から三か月後、

リシュリューは病により亡くなった。五七歳だったよ。

三か月で亡くなっちゃうんかい！

天国のサン・マール

くっそおお**三か月待てばよかったああ!!**

リシュリューは亡くなる前、イタリア貴族で有能な外交官だった**マザラン枢機卿**を推していた。ルイはリシュリューの言葉通りマザランをリシュリューの後継者としたのさ。

リシュリューは本当にルイから**愛されていた**のね。

ちょっと深い意味を感じるからやめなさい。ルイはリシュリューの死を深く悲しんだとも言われるが、解放感を味わっていたとする説もある。確実にわかっているのはリシュリューの後を追うように五か月後、**ルイもまたこの世を去った**ということだ。結核にかかり、四一歳だったよ。政治家としては優れていなかったが生涯を通して信心深く敬虔だったルイ一三世は、静かに永遠の眠りについた。

お疲れさま。天国でリシュリューと、リュイヌと**鳥**とみんなで暮らしてね。

平松のワンポイント

【マザラン】
マザランはイタリア人でイタリア名はジュリオ＝マッツァリーニといい、ローマ教皇に仕えていました。教皇特使としてパリに派遣された際にリシュリューの信任を得ると、フランスに帰化しています。二人はただならぬ関係にあったという噂もあります。みるくともなかに解き明かしてほしいものです。

ルイ一四世

ルイ一三世の長男**ルイ**は一三世と違い、**母親の愛**に包まれていた。母アンヌは育児室に足しげく通い、一緒に馬車に乗って庭を散歩する姿がよく見られたという。父親の一三世は戦場に行ってばかりで疎遠だったが、長男ルイが二歳の時には弟**フィリップ**が生まれている。だが父親が亡くなり、もうすぐ五歳という段階で彼は**ルイ一四世**として即位。

おめでとうー！

摂政となった母アンヌは、スペイン・ハプスブルク家出身でありながら旧大臣たちをすべて引き継ぎ、マザランを摂政会議の座長という事実上の宰相に据えて**スペインとの対立を選んだ。**フランスとスペインが戦うことをずっと悲しんでいたが、彼女は母后および摂政として**フランスと運命を共にすると決めた**のさ。

すごいわアンヌちゃん。つらい決断だったでしょうね……！

ルイ14世。1638～。ルイ13世の長男。「内気だが自尊心は高く強い意志を持ち、頭脳はそんなに優れていないが記憶力が高い」と評された。……ちょっとトゲある。

アンヌは一歳年下のマザランに息子の教育も任せ、マザランはルイ一四世に**帝王学**を授けた。

今度は帝王学を学べた！

マザランはルイ一四世を一人前の国王へ育てた。やがて、マザランはパレ・ロワイヤルに引っ越して、**部屋はアンヌの隣**だったという。

近いな！

アンヌは摂政になった時は四二歳。社交的で愛想の良い**マザランと恋人関係**だったと言われる。

マザランおい！　アンヌちゃんの**不倫相手候補、マザラン**だったんかい！

アンヌが妊娠した時、マザランはイタリアにいたというから**アリバイ**はあるよ。アンヌとマザランは共に政治を行い困難に立ち向かった。一六四八年、三十年戦争で貴族に重税を課すなどして大規模な反乱を起こされた「**フロンドの乱**」も解決へと導いている。

ルイの結婚問題

ルイ一四世が満一三歳で**成人**を迎えると、摂政のアンヌは**実権を返す**と申し出る。かつて絶対に権力を

手放そうとしなかったマリー・ド・メディシスとは**だいぶ対照的**だが、一四世はそんな母に「国務会議の座長でいてほしい」と頼み、母子の関係が**良好**なことがわかるね。

アンヌちゃんはお母さんとしても摂政としても素晴らしすぎる。

パリ高等法院が王令に異議を唱えた時、ルイ一四世は自ら高等法院に乗り込んで**王令の登記を強制した。**

若いけど強気で、しっかり国王らしくなってるのねー。

その時、ルイは**灰色の帽子**に**長靴**という**狩人スタイル**だったという。

国王らしくない！

当時の証言

国王は一メートル八〇センチ以上の長身。肩幅の広い堂々とした体格、茶褐色のふさふさの髪、整った顔立ち、生き生きと輝く瞳。スポーツが得意。**ちょっと長い鼻と分厚い唇。**

国王らしい立派なルックスだけど**ハプスブルク家の面影が出てる！**

大きなカツラとハイヒールで身長を**二〇センチ**は盛っていて、実際は背が低かったという説もある。一六五七年、三十年戦争をフランス優位に進め、スペインと和議に入るためルイ一四世と**スペイン・ハプスブルク家**の**マリア・テレサ**（フランス名マリー・テレーズ）との結婚話が進められた。

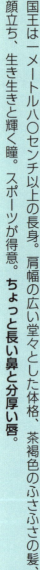

アゴを輸入したぁ―――!! ブルボン家、**それは輸入の歴史**……!

変な歴史を作るんじゃない。マリア・テレサはアンヌの姪で、ルイ一四世とマリアは**いとこ同士**だ。スペインは乗り気じゃなかったがどうにか話はまとまり、あとは和平が結ばれるだけとなった時に**問題**が起きた。ルイ一四世に、**好きな女の子がいた**のさ……。

おおおおーい!

この時一九歳の彼は、**マザランの姪**マリー・マンシーニと恋人関係にあったんだ。一四世が病で寝込んだ時に**二歳年下のマリー**が付き添ったのがきっかけで、とある人の回顧録によると、

回顧録

マリーは腕や脚、首が極端に細く、口が大きくて美しいのは**白い歯だけ**。

ひどい回顧録だわ。

美人ではなかったが乗馬が得意で広い教養を持ち、ルイ一四世に文学や音楽、絵画の趣味を施したという。一四世はマリーと一緒に**狩り**をして、**舞踏会**に行き、**舟遊び**をした。

仕事しろ!

ルイ一四世

マリーとの結婚を許してくれ!!

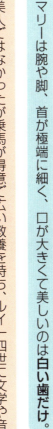

マザランの前でひざまずき、**懇願**した。

結婚させてあげて！

いや、マザランは決して**了承しなかった**。姪がフランス王妃になれば見返りは計り知れないが、マザランは私情に左右されることのない**優れた政治家**だったのさ……。

アンヌちゃんもマザランも素敵すぎる。**このカップル推せる**わ。

マザランはマリーを宮廷から遠ざけると、スペインとの「**ピレネー条約**」を調印し、フランスはスペイン領ネーデルラントのいくつかの都市を獲得。

すごいー！

ルイ一四世は一六六〇年、同い年のスペイン王女マリアと結婚式を挙げる。マリーと引き離されて悲嘆に暮れたが、長きに渡った**ハプスブルク家との争いを終わらせたのはこの結婚**だったのさ。

本当に**歴史的な結婚**だったのね。

結婚の翌年三月、マザランは**病に倒れ**パリ郊外の**ヴァンセンヌ城にこもる**ようになる。

心配だわ、ゆっくり休んで。

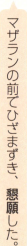

ルイ一四世と母アンヌは**毎日**マザランの寝室を訪れ、**指示や助言を仰いだ。**

全然**ゆっくりできへん！**

三月、**マザランはこの世を去った。**五八歳だったよ。

うぅ、**ちゃんと休ませてあげないから……。**

原因それかよ。ルイ一四世がマザランに逆らったのはマリーとの結婚を望んだ時だけで常にマザランを敬愛していた。マザランの死に、**国王とは思えないほど号泣**したという。翌日、一四世は国務会議を開き、今後は自分が統治をするという**親政宣言**をする。まだ二二歳の国王が、宰相を置くことなく**自ら政治を行う**ことを意味しているのさ。その時の彼は、きっと**泣き腫らした目**をしていただろう。

前日に号泣してるものね。

彼は国王にふさわしい立派な容姿と資質を備え、**親しい人**の前では自然に振る舞うが**それ以外では**本心を見せず、感情や衝動を抑えるのが上手かったという。

それ**人見知り**なのでは。

少年時代はフロンドの乱に伴って亡命していたため落ち着いて勉強ができず、ラテン語などの必須学問は**あまり身につかなかった**。また、こういう発言もしていた。

ルイ一四世
本を読んで何になるん?

マザランは**本当にこの人を教育できたんか!?**

親政と絶対王政

ルイ一四世は宰相を置かないだけでなく、最高国務会議から王侯貴族や大貴族、母アンヌまで外して主に法服貴族(実力本位で登用された貴族)で構成。フロンドの乱の鎮圧により王権が強化されていたこともあり、**太陽王**と呼ばれた彼によってついに**アンリ四世から目指し続けた絶対王政が確立**されたのさ。

かっこいい異名もついたのね。

いや、太陽王は一四世が若い時、**太陽の神アポロン**に扮して宮廷舞台で踊ったのが由来だ。

いやあああ**帰ってー!!**

落ち着け。**こんな太陽王**だが宰相格の重臣はいて、マザランの個人資産管理係をつとめていた財務長官

太陽神アポロンに扮してみたルイ 14 世。

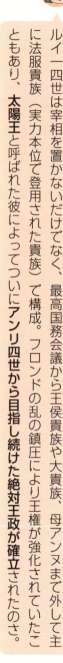

コルベールや、陸軍卿に**ルーヴォワ**を置いて最終決定権はルイが保持した。優秀な二人の重臣を競わせることで片方が権力を増すことも防いだのさ。

鳥の飼育係を宰相にしていたルイ一三世とは何だったのか。

自らとフランスの権威を誇示するためコルベールの文化振興政策を支え、文芸や音楽、科学などのアカデミーを設立し**フランス文化は絶頂期**を迎えた。最大の文化事業は**ヴェルサイユ宮殿**の造営で、一四世は自分の好みに合わせて宮殿を作りたいという夢を持っており、ヴェルサイユにあった**小屋**を改築した。

あの**狩り用の小屋**かよ！

小屋といっても**丸太小屋ではない**ぞ。ルイ一三世も改築していたから小さい城館みたいにはなっていたんだ。ルイ一四世はそれを財政状況などに応じて改築・拡張していった。

ヴェルサイユ宮殿はルイ一四世が作ったのかぁ。

フランス文化は海外へも波及し、各国の王侯貴族はみなルイ一四世のようになりたがり、ヴェルサイユ宮殿を真似した。宮殿は絶対王政にも役立ち、大貴族を宮殿やヴェルサイユの町に住まわせ監視をするとともに忠誠を誓わせ、従ったものには褒美を与えるなどして**飼いならした**のさ。

飼うのは**鳥**だけにしろ。

城から城へ、宮廷の場所を変えていくのがフランス王家の伝統だったが一六八二年からは**ヴェルサイユ宮で固定**。宮廷人は国王に少しでも近づこうと庭園散歩に招かれるのを期待し、**国王の食事を見物**した。

私もこの前、水族館で**ペンギン**のお食事タイムを見物したわよ。

ペンギンと一緒にするな。国王の食事に家族や宮廷人が立ち会うのは**宮中儀礼のひとつ**だったんだ。王室楽団やバイオリン隊などが宮廷でコンサートを行い、合唱隊が歌った。一四世も**踊りの名手**だった。

衣装が気になって**踊りが目に入らない**わ。

いつもアポロンの衣装じゃねぇよ。

戦いの王再び

ルイ一四世はフランスの領土拡大のため、たびたび戦争を起こす「**戦いの王**」だった。

戦いの王ばっかりか。

一六六七年の**南ネーデルラント継承戦争**、一六七二年の**オランダ戦争**、一六八八年の**アウクスブルク同盟戦争**、一七〇一年**スペイン継承戦争**。治世のうち**三一年間は戦争**していた。大幅な領土拡張を実現し、スペイン・ハプスブルク家の**カルロス二世**が後継ぎを残さずに亡くなったことで始まったスペイン継承戦争では敗北したが、一四世の孫フィリップを**フェリペ五世として即位させてスペインを引き継いだ。**

ハプスブルク家から引き継ぐのは**アゴだけ**だと思ってたわ、まさかスペインを継ぐなんて。

戦場では自ら馬にまたがり最前線で敵の砲弾の下をかいくぐった。**軍事的才能はなかった**という。

ないんかーーーい！

名将たちのおかげで勝つことができ、負けそうだったら**撤退**しながら**勝利宣言**をした。

勝利してない！

だがオランダ戦争からは**国家財政が破綻**して赤字は膨らむ一方で、さらに徴兵制も導入。マザランがいた頃のスペイン戦争では一万人だった**戦死者**がスペイン継承戦争では**十万人**に及んだという。

狂気の沙汰やん！　もうヴェルサイユ宮殿でおとなしく食事しとけ、**私も見に行くから！**

女性関係

ルイ一四世には多くの**愛人**がいた。

もはや王様に愛人がいるのは普通なのかしら……嫌だけど。

最初の愛人は**弟の妻**アンリエット・ダングルテール。

普通じゃなかったー! 弟の奥さんだったー!

アンリエットとは一四世が妻マリアと結婚した**直後**から付き合っていたという。

最低。

そのあと貴族のルイーズ・ド・ラ・ヴァリエールが公式愛妾に。彼女は一四世を深く愛し、生まれた子供は**四人**。だが、一四世は妻マリアやルイーズとも友人関係にあった**モンテスパン侯爵夫人**に**心変わり**した。

一四世をなんとか**異端審問**にかける方法はないかしら。

ルイーズはモンテスパン夫人の化粧係にさせられ、最終的に出家して修道女となっている。

ルイ一四世が悪い。ちょっと**異端の告発**してくる。

どこに告発する気だ。モンテスパン夫人は絶世の美女で才気に溢れ、多くの作家や芸術家を庇護した。そのため彼女が宮廷で王妃のようにふるまった一六七〇年代は**宮廷文化の最盛期**だったという。ルイ一四世との間に子供は**八人**。

多いな！ 戦場に行くふりして**モンテスパン夫人と遊んでいた**のでは。

たしかに、戦場には**愛人も一緒に行っていた**よ。だが、一四世はモンテスパン夫人が養育係として雇った**マントノン夫人に心変わり**する。マントノン夫人は詩人スカロンを亡くした寡婦と、ルイ一四世より三歳年上の控えめで信心深い女性だった。

マントノン夫人

王妃のマリア様にも親しく接してください。

と促したので、**王妃マリアからも感謝される存在**だったという。そのマリアも信心深い女性で、心から**夫とココア**を愛した。

ルイ一四世が**ココアレベル**なのは笑う。

一四世はブルボン家の王が代々そうであったように**妻を愛さず**、冷たく振る舞い続けた。

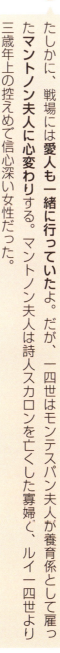

モラハラ男やケチ男、**ブルボン家の男**とは結婚しないようにしましょ。

やめなさい。マリアはあまり美人ではなく、フランス語を話すのにも苦労していたので宮廷ではあまりパッとせず、ルイ一四世にとっては物足りなかったという。マリアとの間には**子供が六人**。

なんで不仲なのに**いつも子供多い**のよ！

いちおう王の務めとして王妃の寝室には通っていたんだよ。しかし、子供は長男を除いて早世している。そして一六八三年、**王妃マリアもまた病でこの世を去った**。四四歳の若さだったよ。

うぅ、愛されなかったのにちゃんと後継者を残して、素晴らしい王妃様だったわ。

妻の死を知ったルイは……。

さすがに悲しんだでしょうね！　泣け！

ルイ一四世

王妃が私に**迷惑**をかけたのはこれが初めてだ。

爆破してやるー!!

長い治世の終わり

王妃の死後、ルイ一四世はマントノン夫人と**秘密結婚**。一六八六年には、**痔の手術**をしている。

急な痔――――!! お、お前ヒール履いてカッコつけてたけど**痔やったんか!**

痔瘻《じろう》だったが手術は成功し、大喜びしたという。絶対王政を確立し、大規模反乱はもう起きることはなかった。しかし重税に耐えかねて一揆が起きることはあったし、スペイン継承戦争の半ばからは反戦を唱える一派が宮廷内に現れるようになり**栄光にも陰り**が見え始める。

そりゃ**戦争と子供ばっかり増える**ものね。

晩年の国王は信仰を深めたためジャンセニスト（カトリックだがプロテスタントに近い一派）を弾圧してさらに反発を招いた。長生きしたこともあり、「**大王太子**」と呼ばれた四九歳の長男**ルイ**に先立たれてしまう。大王太子は才気豊かで、生きていれば最良の王様の一人になったのではと言われる。大王太子には息子が三人いて（次男がスペイン王となったフェリペ五世）、後継者不足とは縁がないように思われた。しかし次々と身内が病に倒れ、残ったのはルイ一四世の曾孫で**二歳のアンジュー公ルイだけ**に。

少なっ！　悲しいわねー。

一七一五年六月、七六歳の一四世は猛暑の中「**病を癒やす奇蹟**」の**儀式**を行った。

ルイ一四世

余が汝に触れる。神が汝を癒やす。

と言いながら王が病気の人に触れていく神聖な儀式で、歴代の王も戴冠後などに必ず行ってきた。

「痛いの痛いの飛んでけ」**フランス王バージョン。**

一七〇〇人の病人に触れ、これが**最後の儀式**となった。以降、ルイの体力が**急速に衰えていった**んだ。

大丈夫かー！　七六歳が無理するから！

八月、一四世は脚に強い痛みを感じた。

痛いの痛いの飛んでけー！

病を癒やす奇蹟、**日本版！**

ルイ一四世

ありがとね。

坐骨神経痛と診断されるも、実際は大食いによる**肥満**から来る糖尿の合併症だったといい、宮殿を**肘掛け椅子に座ったまま移動**させてもらっていた。ついには膝から下が黒ずんで**壊疽**《えそ》となり、もはや死を避けられなくなった彼は司祭を呼んで神の赦しを受ける「**告解**」の儀式などを受けた。そして五歳の王太子アンジュー公ルイを部屋に招き入れて、こう告げた。

ルイ一四世

可能な限り**戦争を避けるように。**

お前が言うな。

晩年は戦争しすぎたことを後悔していたんだよ。

ルイ一四世：平和を愛す国王となり、臣民の苦しみを和らげてほしい。……**主よ、救いたまえ。**

それが最期の言葉となる。九月一日の朝、**ルイ一四世はこの世を去った。**七六歳だったよ。

ルイ――――!!

葬列を見守る国民は**誰もいなかった**という。

なんで**無人**なん!?

六〇年を超える長い統治で人気も落ちていたし、**みんな無関心**だったようだ。侵略戦争をして国境を広げて重税を強いた一方で、絶対王政により国の統一を進めながらルネサンス文化を花開かせた。二面性のある国王は、**肥満**でこの世を去った。

死因のせいでちょっと台無し!

ルイ一五世

ルイ一四世の後を継いだのは、わずか五歳半で**情緒不安定**な曾孫**ルイ一五世**だった。

まだ**年中さん**なのに情緒不安定!

麻疹により両親を相次いで亡くしてしまったせいかもな。元気にはしゃいでいたかと思うと急に暗い顔になったりしていたという。まだ年中さんなので、摂政はルイ一四世の弟の息子**オルレアン公フィリップ**となった。オルレアン公はお酒と女性が大好きな**放蕩者**として知られていたよ。

摂政にふさわしくない！

ルイ一四世もオルレアン公を摂政にするのは気が進まなかったが**他にいなかった**んだ。しかし、意外にもオルレアン公は**昼間は**勤勉で有能な人物だった。最初の三年はできるだけ多くの旧貴族を国政に参加させて反乱が起きることを防ぎ、イギリスと同盟を結び平和を守った。宮廷をパリに移してパリ市民を喜ばせ、国民とルイ一五世の距離を縮めたのさ。

たしかに王様が**浪速区**に住んでたら親近感あるものね。

なぜ王様が**通天閣の近く**に……。ともかくルイ一五世はパリのテュイルリー宮へと移り住む。一四世が家庭教師に選んだフレジュス司教**フルリー**は適任で、温厚で人当たりの良いフルリーはラテン語や歴史に加えて地理やデッサン、**帝王学**に至るまで質の高い教育を授けた。

帝王学を学んでいるという**安心感**！

成人が近づくと再びパリからヴェルサイユ宮へと引っ越した。摂政オルレアン公の**経済政策が失敗して**

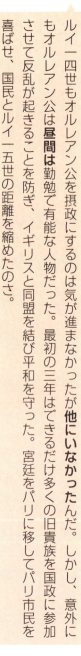

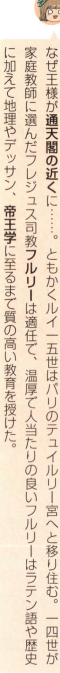

パリに居づらくなったのさ。

ほんとに良い摂政だったんか？

それでもルイ一五世は市民に愛されていたので、引っ越しは人々をがっかりさせたが、一五世は五歳半までを過ごしたヴェルサイユに戻れるので大喜びだったという。彼は満一三歳の誕生日になると成人宣言をし、前年から宰相に就任していた優秀な**デュボワ枢機卿**が国王を支えた。

優秀な人がいてくれると安心だわ。

半年後、**デュボワは亡くなった**。

死んだあああ!!

死んでしまったので、一五世の成人に伴って摂政を退いていた**オルレアン公が宰相**となる。四か月後、**オルレアン公も病死**した……。

死んだあああああ!!

宰相連続死により、新たな宰相はアンリ四世の伯父の家系である**ブルボン公ルイ・アンリ**となった。ブルボン公の評判を聞いてみよう。

人々

ブルボン公は**品性下劣**。

想像を超えてきたわ。

お金を稼ぐことには長けていたようだが**無能**だったのさ。

婚約

一一歳のルイ一五世はスペイン王女**マリア・アンナ・ビクトリア**と婚約していた。アンナはスペイン王フェリペ五世の娘で婚約当時は**三歳**。

ちっちゃい！

スペイン・ブルボン家の王女なので、ルイ一五世とは**いとこ**の関係だった。ちなみにルイ一五世は、歴代ブルボン王の中で**最も美形**だったのさ。彼は大きい目、**まっすぐな鼻**、**薄い唇**を持っていたんだ。

ハプスブルク家の**要素が消えてる！**

ああ。ルイ一五世は一四世の曾孫だが、その間の世代は**ハプスブルク家と結婚していない**からな。

ルイ15世。1710～。ルイ14世の曾孫。肖像画によってはハプスブルク感が残存。猟犬狩猟が趣味なのでたぶん犬好き？

ハプスブルク家の血が薄まったらイケメンになるのは笑う。肖像画だと唇はもっと厚く見えるけど。

人々

国王は**綺麗な娘**みたいな顔。憂いがあり氷のように**冷たく非情**な美青年。

そう評された。婚約したアンナは一緒にヴェルサイユ宮で暮らすことになるが、ルイ一五世はアンナに**冷たかった**という。

ほんとに冷たく非情やん。

三年後の一七二五年二月、ルイ一五世は体調を崩す。

大丈夫!?　ま、まさか麻疹とか……。

食べすぎと狩りのしすぎだった。

私の心配を返せ。

すぐ回復したが宮廷は一時パニックに陥った。なんせ**他に後継者がいない**ので、一刻も早く後継者を作ってもらおうと判断した最高国務会議は翌月、まだ幼いアンナとの**婚約解消**を決定し、七歳になっていたアンナはスペインへと帰国。大人の事情で振り回されたアンナは可哀想だが、その後はポルトガル王と結婚して六二歳まで生きたよ。

冷たい人と結婚するよりも幸せになって良かった。

新しい王妃

アンナがスペインに帰ってから二か月後、早くもルイ一五世の**新たな結婚相手**として元ポーランド王スタニスワフ一世の娘**マリー・レクザンスカ**が決定する。一五世よりも七歳年上の二一歳で、**すぐにでも子供を作れそう**というのが選ばれた理由だ。

理由が嫌だわ。

読書と音楽が好きで教養豊か、信心深くて美人ではないが生き生きとした魅力的な女性だったが、フランス国民は結婚に**反対**。

なんで!? 素敵な王妃になりそうでしょ!

マリーの父親は元ポーランド王といっても今は**貧乏貴族**だったのさ。とはいえ無事に結婚式を終え、その後**一〇人の子供**を産むことになる。

王妃の人選、**完璧すぎる!**

ああ、婚約破棄とマリーとの縁談はブルボン公の**唯一**の功績と言われている。とはいえルイ一五世とマリーの最初の子が生まれる前にブルボン公は**失脚**。次に宰相となったのは一五世を教育していた**フル**

リー、七三歳だった。一六歳の青年ルイ一五世は**フルリーに政治を任せる**ことになる。

ルイ一五世はまだ若いから、**有能なおじいちゃん**に頼るのもいいわよね。

いや、結局フルリーが亡くなる**一六年後まで任せ続ける**ことになる。

帝王学で何を学んだのよ！ ほんでフルリーめっちゃ長生きしたわね！

早くに両親を亡くしたルイは、誰かに**甘えずにはいられない**タイプだったんだ。

この甘えん坊！

結婚と女性関係

マリーと結婚後、ルイ一五世は**妻を愛した。**

ブルボン王四人目にして奥さんを愛するのは**初めて！**

しかし結婚八年目、一五世が二三歳頃からは**愛人**を作るようになる。

ハプスブルク家の血は薄いけど、**ブルボン家の血はしっかり受け継いだ男。**

愛人の共通点として、みんな世話焼きで**母親っぽい女性**だったという。

この甘えん坊！

妻マリーは七歳年上だが几帳面で、あまり母親っぽくなかった。

そりゃ**ルイ一五世の母親じゃない**から当たり前でしょ！

結婚一一年後、妻のマリーが医師から、「**このままでは命が危ない**」と告げられて寝室を共にするのを拒否すると、ルイ一五世は**さらに不倫**するようになる。

最低か！　マリーちゃんが**病気**で大変な時に！

いや病気とは少し違う。

医師

産みすぎ。

産みすぎかーーーい！

なんせマリーは**一一年間で一〇人**も出産してるから。

そりゃ命が危ないわ！

一四世時代の愛人は宮廷文化に影響は与えても政治には関与しなかった。しかし、フルリー亡き後の愛人**ポンパドゥール夫人**は**影の宰相**というほど国政に影響を与え、治世に欠かせない存在となる。

そんなに!?

ポンパドゥール夫人は国王より一一歳も年下ながら美貌で多才、役人と結婚して人妻だったが、一五世が**口説き落とした**という。出自の低い彼女をヴェルサイユ宮に迎えるため領地と爵位を与え、**ポンパドゥール侯爵夫人**と名乗ることになる。お人好しな王妃マリーは夫人に友情さえ感じたが、むしろ子供たちの方が夫人のことを「**娼婦のママン**」と、陰で呼んでいた。

子供たちが手厳しい。

信心深かったルイ一五世は、不倫に**罪悪感**は感じていたという。

これほど**意味のない罪悪感**があるかしら。

そのため復活祭の告解や聖体拝領は**取りやめた**。これらは自らの行動を**悔い改める儀式**であるためだ。

儀式じゃなく**不倫をやめろ**。

公式愛妾となったポンパドゥール夫人だが**病弱で不感症**だったという。そのためベッドは別々にしたい

ポンパドゥール夫人。本名ジャンヌ・ポワソン。1721～。ルイ15世の公式愛妾。父親は金融家の雇われ人。

が**寵愛は失いたくない**彼女は、五年目ぐらいから自分の代わりに**次々と若い女性を手配**するようになる。

えー！　でも他の女の子じゃダメでしょ、ルイ一五世はポンパドゥール夫人が好きなんだから。

これにより、ポンパドゥール夫人はルイ一五世にとって**ますます不可欠な人**になった。

めちゃめちゃ喜んでんじゃないわよ！

夫人は**鹿の園**と呼ばれる**娼館**まで作った。ここで生まれた子供は男子だと将官に取り立てられ、女子は良縁を取り継いだ。

サポートが完璧ね。ルイ一五世は何してんのよ。

自分で政治をしようとはせず、**鹿の園にいた。**

鹿の園から出て来い！

七年戦争

ルイ一五世の治世で最後の争いは一七五六年から始まる「**七年戦争**」だ。**オーストリア・ハプスブルク家**がプロイセンに奪われたシュレジエンを奪還しようとしたことに始まり、ポンパドゥール夫人が一七五六年、オーストリアの女帝**マリア・テレジア**とロシア女王**エリザヴェータ**とともにプロイセン包囲網「**ペチコート同盟**」を結成。結局エリザヴェータが急死したことでプロイセンを倒すことはできなかったが、宿敵オーストリアとの和解は**外交革命**とも呼ばれたよ。

すごいわポンパドゥール夫人！

とはいえ結果的にフランスは植民地をほとんど失い、勝利したイギリスとプロイセンは一段と勢力を強めた。それでもフランスは人口増加に加えて文化が花開いており、一時的に威信を失っただけで済んだ。

女性たちの死

ポンパドゥール夫人は一七六四年、四二歳でこの世を去った。王侯貴族以外はヴェルサイユ宮で死ぬことは許されなかったが特赦が出され、ルイ一五世は**最期まで彼女を手放すことはなかった**。常に寄り添いながら励まし、慰め、助言してくれた**母親**のような夫人の死に一五世は嘆き悲しんだという。

悲しいわねー。それにしても一一歳も年下の女の子に**どんだけ甘えてたのか……**。

ポンパドゥール夫人は影の名宰相なだけでなく、芸術や文芸の庇護者として文化の発展にも大いに貢献してくれた。

ポンパドゥール夫人の死を乗り越えて、王様としてもっと成長できるといいわね。

夫人が亡くなったので、ルイ一五世は名門貴族の**ショワズール公**に**政務を頼った。**

帝王学を無駄にする男。

一方、王妃マリーが産んだ子供のうち王子は二人。次男**フィリップ**はわずか二歳でこの世を去り、王太子だった長男**ルイ**は三六歳で亡くなっている。そしてマリーも一七六八年、床に伏した。すっかり冷淡になっていた一五世も**再びマリーに寄り添った**という。

遅いわよ。

確かに遅かった。六五歳のマリーはそのまま静かに息を引き取り、一五世は亡くなった彼女の額にキスをすると部屋から出て行った。間違いなく**王妃の死を深く悲しんでいた**んだ。

一五世はやっとマリーちゃんを愛する気持ちを思い出したのに。

一年も経たないうちに**新しい愛人**を見つける。

マリーちゃん、**こいつを早く迎えに来てー！**

六〇歳近い一五世の、**最後の愛人**は二六歳の**デュ・バリー夫人**だった。**娼婦**からデュ・バリー伯爵の愛人になるという、ポンパドゥール夫人よりもさらに**出自の低い女性**だったのさ。青い瞳で銀色に近いほど綺麗なブロンドを持つ美人で、**ルイ一五世へ紹介されて愛人となった。**

ルイ一五世も奥さんを亡くして辛かったでしょうから、支えてくれる素敵な女性を求めたのね……。

いや、二人の関係が始まったのは王妃が亡くなる**一か月ほど前**だ。

もう顔も見たくない。

彼女を公式愛妾にするためデュ・バリーの弟と偽装結婚させた。こうしてデュ・バリー伯爵夫人はヴェルサイユ宮へと迎えられ、**鹿の園が廃止**された。

そりゃ**鹿の園の存在は嫌**よね！　**デュ・バリー夫人の気持ちわかるわーー！**

政治には関与しなかったものの身分の低かったデュ・バリー夫人への反発は強く、嫌気がさした末娘の**ルイーズ**が**自ら修道院に入った。**娘のことをとても可愛がっていた一五世はショックを受けたという。

お前のせいやで。

デュ・バリー夫人。1743～。ルイ15世の公式愛妾。修道士だった父親の非嫡出子として生まれ、修道院の寄宿舎で育つ。

ルイ一五世の最期

ルイ一五世は六四歳のある日、うなじに痛みを感じたかと思うと顔に吹き出物と膿疱が現れ始める。当時の**最も危険な病、天然痘**だった。

ぎゃー！

死を悟った彼はデュ・バリー夫人を呼び、**神の赦しを得るため**宮廷を去るよう悲しげに伝えた。

いや**赦さない**わよ。

三〇歳のデュ・バリー夫人は言いつけ通り、翌日に四輪馬車でヴェルサイユを後にした。告解など臨終の儀式を終えると、枢機卿が部屋の戸口に立って人々に**国王の伝言**を伝えたという。

伝言

神を侮辱し、**国民のひんしゅくを買った**ことの赦しを神に乞う。もしも健康を取り戻すことができれば**悔い改め**、宗教の支えとなり国民を助けるよう努める。

鹿の園を再建するだけでは？

健康を取り戻すことはなかった。司教の祈りを聞きながら、**ルイ一五世は六四年の生涯を閉じる。**

お疲れさま。女好きでどうしようもなかったけど人間らしい王様だったわね……。

ああ。彼の異名は「**最愛王**」だったのさ。

そんなに国民から愛されてたとは！

いや、**愛人が多すぎた**から。

理由がひどかったー！

ルイ一六世の生い立ち

一五世の死に**誰も興味ない**中、孫の**ルイ一六世**が即位した。

なんで興味ないの！

一五世は病を治す儀式もしないし戦場にも出ず、ヴェルサイユ宮にこもって国民と距離がありすぎた。しかし、一九歳のフレッシュなルイ一六世は歓迎されたよ。ルイ一六世は一五世の長男ルイと、ザクセン選帝侯の三女マリー＝ジョゼフ・ド・サクスの間に生まれた**次男**で、**無能な子**として育った。

ルイ 16 世。1754 〜。ルイ 15 世の孫。甲高くて不快な声、アヒルみたいに体を左右に振りながら歩く癖があったという。評判はすごく悪そうだが決して無能だったわけではない。

育ち方がおかしい！

両親の愛は優秀な**長男**へ注がれ、長男が一〇歳で亡くなると愛情は人懐っこい**三男**と**四男**へと移った。

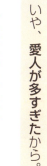

次男を飛ばさないでー！

その両親もルイ一六世が一〇代前半の時に亡くなり、祖父のもとで育てられた。親の愛情を受けられなかった彼は**自信**や決断力に欠け、寡黙で冴えない性格だったという。とはいえ真面目で勉強や読書好き、家庭教師から歴史や地理など一般教養をしっかり学んだ。しかし、祖父のルイ一五世は**孫に無関心**で一度も国務会議に出席させず、**帝王学**は**あまり学べていない**。

出たー**帝王学やってない国王！** そんで**わかってたけど**ルイ一五世が**ダメすぎる**。

一五歳の時、事実上の宰相ショワズール公によって縁談がまとめられ、**結婚**。相手は一四歳で**オーストリア・ハプスブルク家**の皇女**マリー・アントワネット**だ。

アゴが輸入されたあああ！！！

久々の輸入でテンション上がるんじゃない。マリーがどんな娘か調査して帰ってきた大使に、祖父のルイ一五世は真っ先に**こう質問した**という。

ルイ一五世

胸は大きかった？

マリー・アントワネット。1755〜。ルイ16世の王妃。母親はオーストリア・ハプスブルク家の女帝マリア・テレジア。ポンパドゥール夫人とペチコート同盟を組んだことで実現した縁談。

このジジイをなんとかして！

結婚時は王太子だった一六世は、美男の祖父には似ず不格好で貧弱、ユーモアのある会話が不可欠な宮廷で浮いていた。オーストリアは一六世のこんな情報を得ていたという。

情報：王太子はそれほど望ましくない人物。

ひどい情報やな。

一方、マリーはそんなことは知らずに彼の肖像画を見て胸躍らせていた。マリーは少し**ハプスブルク感**のある顔だがブロンドの髪に青く大きな瞳、姿勢が良く軽やかな歩き方の魅力的な子だった。しかし、一六世は明らかに**結婚に乗り気ではなかった**という。

ルイ一六世：結婚に**自信がない**。

はんとに自信ない人なのね。

結婚式後の祝宴で、一六世は**ムシャムシャ**料理を食べ続けた。それを祖父の一五世に注意されると、

ルイ一六世：なぜです？　たっぷり食べた方が**よく眠れます**。

その言葉通り、たっぷり食べた一六世は**初夜を達成できなかった**。

しっかり寝てんじゃないわよ！

結局、夫婦が肉体的に結ばれるまで**七年**を要したと言われる。

四年かかったルイ一三世を超えてくるな！

治世の始まり

自信がないので**嫌々ながら**国王になり、事実上の宰相として**七三歳**の**モールパ伯**を抜擢。外交政策では外務卿**ヴェルジェンヌ伯**を頼り、一七七五年の**アメリカ独立戦争**へと進んだ。

独立戦争!?

イギリスの植民地だったアメリカが独立すれば、イギリスを経済でも国際的にも弱体化させられる。戦争は一七八三年のパリ条約で終結し、**アメリカは独立した**。イギリスには勝利したものの、戦いで得たのは西インドのセント・ルーシアとトバゴ、インドの**商館**など小さなものだった。

娼館じゃなくてよかった。ルイ一五世が**天国から通いたがる**。

得た物は小さいのに莫大な戦費はかかった。国家財政の責任者ネッケルが抵抗を恐れて増税を避け、**高金利の借金**をしたため国家収入のほとんどは**利息だけで消えていく**ようになる。

闇金で戦争するのは笑う。

さらにフランスは不況で危機的状況の中、ルイ一六世は**引きこもっていた**。宮廷のしきたりや儀礼を嫌い、病を治す奇蹟など国王の儀式をせずヴェルサイユ宮とその周辺ぐらいしか移動しようとしなかったんだ。彼の趣味は読書、近所の森で狩り、宮殿に作った作業場で**鍵と錠前を作ること**だけだったのさ。

そんな**前例のない趣味**をされてもなぁ。**引きこもりたい気持ち**が表れすぎている。

儀式をしなかったところは祖父のルイ一五世と一緒だが、**祖父ほど**人気が落ちることはなかった。

どんだけ一五世の人気なかったのよ。

一六世は**愛人を持たず、妻のマリーを愛していた**んだ。

一気に好感度上がったー!

しかし、愛人は宮廷や国民からの**嫌われ役**でもあった。その愛人がいないことで、皮肉にも外国人の王妃マリー・アントワネットが**嫌われ役を背負う**ことになってしまうのさ。

マリーちゃん**逃げてー!**

嫌われた王妃

儀式や儀礼、さらに退屈も嫌ったマリー・アントワネットはオペラ鑑賞や賭け事をして遊んだ。遊びに加えて衣装や宝石など浪費を重ねる彼女の評判は**全ヨーロッパ**に伝わっていく。

伝わりすぎ。

子供ができないのもあり、**ルイ一六世が性的不能だという話**も面白おかしく広まった。実際、一六世は心理的なものと軽い肉体的な問題によって不能だったという。**ちょっとした手術**で治るものだったが、受ける勇気がなかなか出なかったらしい。

堂々と**痔の手術**したルイ一四世を見習え。

結婚から七年後、マリーの兄で神聖ローマ皇帝**ヨーゼフ二世**がフランスに来て**子作りのアドバイス**をしたことがきっかけで、**手術に踏み切ることができた。**

ヨーゼフありがとう。

だが、七年の間にマリーの評判はすっかり落ちていた。母マリア・テレジアからの要請で親オーストリア政策を取るよう夫に求めたのも、政治に口出しする王妃だと人々から非難され、一七七八年に長女の

マリー・テレーズが生まれても国民は**全然盛り上がらなかった**。母親となってからは真面目な王妃になったんだけどね。

つらいわねー、もっと早く一六世が**痔の手術**をしていれば。

天国のルイ一四世

それワシやないか。

首飾り事件

マリーの不人気を決定づけた出来事として、一七八五年の**首飾り事件**がある。

首飾り？

二人の宝石商がデュ・バリー夫人へのプレゼント用としてルイ一五世に売りつけようと、豪華な首飾りを制作した。だが一五世が急死し、今度は王妃マリー・アントワネットに売り込むが高価すぎて拒否される。すると、この話を聞きつけた**ラ・モット伯爵夫人**という女性が愛人の**ロアン枢機卿**に、

ラ・モット伯爵夫人

私が王妃を説得しまっせ。

と、提案。伯爵夫人による**偽の購入契約書**を信じたロアン枢機卿は首飾りを手に入れ、伯爵夫人はそれを**バラバラにして売りさばいた**のさ。事件が発覚するとラ・モット夫人は終身禁固刑が宣告され、ロアン枢機卿は無罪。マリーは何も知らなかったのに、枢機卿が詐欺を信じてしまったのは**日頃からマリーに浪費癖があったせい**だとして非難されることとなってしまう。

理不尽すぎん!?

運命の三部会

不況に加えてアメリカ独立戦争での**闇金返済**が苦しすぎて**増税**せざるを得なくなった。これまでさまざまな税を免れてきた**特権身分**への増税だったので、当然反発が起きたがルイ一六世は強靭な態度を示した。しかし、**非難されるとすぐ妥協する**のが彼の**統治スタイル**だったのさ。

どんなスタイルなの。

特権身分の要請で**全国三部会**の開催が決定。その間にも財務長官ネッケルが**応急処置の借金**をしている。

どんだけ破綻寸前なのよ! そんなギリギリな国ある!?

一月末、ヴェルサイユ宮で全国三部会が開かれたが、特権身分（聖職者と貴族、それぞれ三〇〇人）と第三身分（平民、六〇〇人）で話し合いは**対立**。ここで国王が**調停役**として存在感を示すことができれば**権威を高めることができる**だろう。

頑張れ一六世!

四〇日経っても**話をまとめられなかった。**

もう嫌だこの人！

ついに平民と一部の特権身分だけで「**国民議会**」を立ち上げると、驚いたルイ一六世は三日後に議場を封鎖して対抗するも、平民たちはヴェルサイユ宮の隣にある**球戯場へ移動**。ここを議場とし、**自分たちの求める憲法を制定するまで解散しない**ことを誓った。これが「**球戯場の誓い**」だよ。

たまたま球戯やってた人もついでに誓ったんでしょうね。

一六世はそれぞれの身分代表が別々に討議するよう命じたが、怒った民衆がヴェルサイユ宮に侵入してくると**すぐ妥協した。**

いつもの統治スタイル！

憲法を制定されたら国民の権利向上とともに王権が制限され、**絶対王政が終わることを意味する。**一六世は自信のない人だが**絶対王政には執着**していたんだ。そのため平民代表に優しい姿勢をとっていた大臣のネッケルを更迭したが、当然**ネッケルは平民から人気があったので暴動があちこちで発生。**

でしょうね！　こんなに**予想が簡単な暴動**を起こすなよ！

革命の始まり

一七八九年七月一四日、暴動によりパリの東側に位置する**バスティーユ牢獄が襲撃される**。バスティーユ牢獄は過去に政治犯が収容されていたため**絶対王政のシンボル**だった。弾薬など武器も奪われ、パリ市長など多くが殺されて**牢獄は陥落**。これが**フランス革命**の始まりだ。

革命が始まってしまったー！

国民議会は「**憲法制定国民議会**」となり、法を解体して軍隊を含めた国王の権力機構を排除しようとしていた。翌八月二六日、議会は国民主権などが記された**人権宣言**を行っている。バスティーユ牢獄襲撃によって身の危険を感じた貴族たちは次々と亡命。ルイ一六世の**末弟アルトワ伯も亡命に成功**した。

弟まで逃げたわね。マリーちゃんは大丈夫かしら。

マリーは**愛人**の存在を**夫に隠さなくなった。**

急にどうしたん！

マリーはスウェーデン貴族の**フェルセン**と愛人関係にあったが、不安な状況の中で**マリーにも頼れる人が必要だろう**と、ルイ一六世も**フェルセンを認めていた**のさ。

お前が頼れる人になれよ！

一〇月五日、パンの値段が高騰していることに怒った群衆がヴェルサイユに押し寄せた**ヴェルサイユ行進**が起きる。雨の中、女性たちに民兵組織である国民衛兵や武装したパリの男性も加わり、**総勢三万人近い**大行進だったのさ。

犬の散歩中に**うっかり混ざった人**もいそう。

翌日、武装した暴徒がヴェルサイユ宮に**殺到、侵入した**。そして、暴徒たちによって**国王一家はパリへと連行**されることとなる。**フェルセンも一緒に。**

お前もついて来るんかよ！

民衆は国民議会とともに国王もパリに呼び、両方の動向を見るのを目的としていた。四輪馬車に乗るマリーには罵声が浴びせられたが、子供を抱いたマリーは平然としていたという。こうして宮廷は約七〇年ぶりにパリへ戻り、国王一家は**テュイルリー宮殿**でほぼ**幽閉状態**で暮らすことになる。しかし、夜になると**フェルセンがこっそり出入りしたよ**。

ヴァレンヌ逃亡事件

幽閉生活を送る一六世について、アメリカ人政治家ガバヌーア・モリスの証言がある。

モリス：**よく食べ、よく飲み、よく眠る陽気な国王。**

なんで**楽しそう**なの！　いや、楽しそうに見えても**内心では不満を抱えているはず**よ。

モリス：いくばくかの金を与えられて**貯金**できるだけで国王は**大満足**だ。

むしろ大満足だった。

しかし一七九一年、家族でサン＝クルー宮殿に行こうとしたところ逃亡だと誤解されて民衆に連れ戻されると、さすがにヤバいと思った一六世はようやく**脱出を決意する**。幽閉から**一年半**ほど経っていたよ。

決意おそっ。

行先はフランス北東の町**モンメディ**。そこで新たな**君主政権**を**確立**しようというのさ。こうして一家は**王室費が支払われるのを待ってから**出発することになった。

ギリギリまで貯金しようとすんな！

六月二〇日の深夜、**フェルセン**や親しい貴族の手助けで大型のベルリン馬車に乗り込んだ。フェルセンは馬車の御者としてモンメディまで護衛するつもりだったが、一六世はさすがに**妻の愛人と一緒**なのはプライドが許さず、**断った。**

その馬車は**フェルセンが用意した**のわかってるか？

去り際にルイ一六世はフェルセンにお礼を言い、マリーはずっと泣いていたという。**逃亡メンバー**は国王夫妻、娘のマリー・テレーズと王太子ルイ、国王の妹エリザベート、女官。彼らは貴族一家と侍女たちに変装し、逃亡経路を進んだ。

モンメディで頑張ってね。

二一日の朝に出発したが正体を見破られ、途中のヴァレンヌで**夜には捕まった。**

いやああ**逃亡へたくそおおお!!**

一行はパリへ連れ戻された。彼らは自分たちが、住民が見逃してくれないほど**嫌われている**とは思っていなかった。さらに国民を見捨てて逃亡したとして国王夫妻への大きな失望は免れない。一方、同じ頃

に別ルートでパリ脱出を試みていた一六世の弟**プロヴァンス伯は亡命に成功**している。

弟たちがどんどん逃げていく！

立憲君主制へ

失望は憎悪となり、**王政を廃止**して共和制を求める声が強まっていく。九月三日、ついに国民議会は**憲法を採択**。王権はこの**一七九一年憲法**に縛られることになり、フランスの**絶対王政は終わった**。

終わってしまったぁー！

とはいえ、共和制ではなく立憲君主制なので国王の存在は認められている。マリーは王権に友好的な者に取り入ろうとしたので**フェルセンが嫉妬したよ**。

嫉妬深い奴が**人妻と付き合うな！**

マリーの兄で神聖ローマ皇帝となっていた**レオポルト二世**はプロイセン王フリードリヒ・ヴィルヘルム二世とともに革命に反対する**ピルニッツ宣言**を出したが、

平松のワンポイント

【ラ＝マルセイエーズ】
オーストリアとの戦争に連敗した立法議会が非常事態宣言を行うと、各地の義勇兵がパリに集結しました。その際、マルセイユからやってきた義勇兵が歌っていた行進曲が「ラ＝マルセイエーズ」でした。現在はフランスの国歌になっています。

かえって革命派を怒らせてしまう。パリでは戦争を望む声が高まる中、ついに一七九二年、皇帝とプロイセンが反フランス同盟を結び**フランスはオーストリアに宣戦布告した。**

オーストリアは**マリーちゃんの母国**なのに！

こうして始まったのが、**フランス革命戦争**だ。ルイ一六世から見ればオーストリアが革命勢力を倒してくれた方が都合良かった。革命勢力の方は戦争に勝てばいっそう革命が進むと期待していたのさ。

じゃあオーストリア頑張れー！

フランス軍は劣勢、そこに物価高騰などの経済危機が重なり、さらにパリを守るため国民衛兵の基地を近郊に設ける法令を一六世が拒否するなど**民衆の感情を無視**する行動を取ったため六月二〇日、民衆が**テュイルリー宮殿に侵入した……**。

すぐ侵入される！ ルイ一六世の作った**錠前を使えよ!!**

マリーや子供たちはテーブルの後ろに避難し、ここでは意外にもルイ一六世が**民衆に毅然と対応したの**で事なきを得た。

よかったー！

七月二五日、プロイセンとオーストリア連合軍の司令官**ブラウンシュヴァイク公爵**から、

ブラウンシュヴァイク公

国王（ルイ一六世）に危害を加えたら全面攻撃するよ。

という「**ブラウンシュヴァイクの宣言**」が発せられた。この宣言をマリーも歓迎したが、「敵国に守られてんじゃねぇぞ！」と、**余計に民衆を怒らせる**結果となる。身の危険を感じた国王夫妻は交代でしか眠ることができず、**もはや立憲君主制すら難しくなる**中で八月一〇日、**テュイルリー宮殿が襲撃された。**

暇さえあれば宮殿襲う民衆なんやねん。そんで**セキュリティ弱いな！**

一六世が**錠前を設置しないから**仕方ない。大勢の犠牲者が出て、一六世たちは避難できたものの翌日に**王権の停止**が宣言された。一六世とその家族はセーヌ川の右岸にそびえ立つ**タンプル塔に幽閉**され、厳しい監視のもと自由のない生活となる。

つらいわねー。

塔には一五〇〇冊の蔵書があり、読書好きの一六世は**毎日のように**早朝や夜、**旅行記や古典作品を読んだ。**

この人、**どこでも生活に満足できる！**

五か月で二五〇冊の本を読破しながら、息子に勉強を教えたりした。マリーは編み物や裁縫、娘と絵を描いたり音楽を教えたりしたという。王権が停止されたので憲法が作り変えられ、**王政の停止**と**共和制**が樹立した。長きに渡る**フランスの王政までが、ついに途絶えた**のさ。

王家が途絶えてしまったああああー!!

この騒ぎはタンプル塔まで聞こえたが、ルイは**読書を続けた。**

二五〇冊も読破するだけある。

王位を失ったことでルイ一六世は本名の**ルイ・カペー**と呼ばれるようになる。

かペー!

国王裁判

元国王の処遇について革命期の議会である**国民公会**が議論していた。寛大であろうとする者と厳しい態度を望む者がいる中、テュイルリー宮の鉄製の**隠し戸棚**から**ルイが各国の君主や亡命貴族と連絡を取っていたことを示す書類**が発見される。

錠前作りが趣味のルイ、**何の鍵もかけてない**説。

こうして一七九二年一二月一一日、元国王ルイは**祖国フランスと革命への裏切りの罪で裁判にかけられる。**タンプル塔からフロックコートという礼服を着ながらも**無精ひげ**で連行された彼は、戸棚の書類については知らないの一点張りだった。**昼の一時**に連行され、尋問から解放されたのはその日の**夕方六時**。

意外と早いんかい！

裁判中は家族と会うこともできず、翌年の一月一五日、国民議会は**三つの票決**を開始。**ルイが有罪であること**は全会一致で**賛成**。判決の結果に国民の承認が必要かどうかは否決された。そして、**三つ目の票決**は……。

な、何？

ルイは国民と国家に対する大逆罪を犯したか。つまり、**無条件死刑に処されるか否か**を意味している。

そんなあああ！　ルイはそんな悪いことはしてないやん、ちょっと**脱出が下手**なだけやん！

票決には**一六日の夜八時**から、**翌日の夜八時**までを要した。

途中でごはん食べに行く人もいたでしょうね。

異議申し立てや、やり直しとかいろいろあったんだよ。そして、**票数がついに発表された**。

どどど、どうなるのー!?

総投票者数七二一名、そのうち**無条件死刑に賛成**が……**三六一名**だ。**賛成が反対より一票多かっただけの僅差**で、**ルイの死刑は確定**した。

そんな……!! 一票なら**私がいたら**覆せたのに!!

いやそれはわからんけども。三日後にあたる**二〇日に死刑執行すべきか、猶予すべきか**という票決では総投票者数**六九〇名**のうち……、

三〇人ぐらい帰ってる!

いや棄権もあるから**帰ったとは限らない**けどな。……そして、**三八〇名**が執行に**反対**した。

反対が上回ったー!!! よかった、これで**執行は猶予**されるのね!

ああ。**二〇日**ではなく**翌二一日朝の執行**と決まった。

ほとんど変わらんのかい! 票決の意味ないやん!

三〇人ぐらい帰るだけある。

赦される王と赦す囚人

一日だけ猶予されたので二〇日の晩、ルイは家族の一人一人と抱き合った。翌朝にもう一度会うことを約束し、家族の前から去ったよ。

悲しすぎるわー。

そして、告解師と**長時間会話をしたあと**、すぐに**いびきをかいて眠った。**

なんで落ち着いてんの！

とっくに死ぬ覚悟はできていた。前年の末にはもう弁護人の一人に**遺書を託していた**のさ。翌朝、約束とは違って家族とは会わなかった。**あまりにも別れがつらいだろう**と思ったから。

泣ける……。

タンプル塔から馬車に乗り、群衆の中を進んで**革命広場**へと向かう。死刑執行人に馬車の扉を開けてもらうと、手を縛られて髪を切られ、**断頭台の階段を上った。**最上段に着くと突然、死刑執行人や告解師を押しのけて**断頭台の手すりの前で叫んだ。**

ルイ・カペー

私は無実のまま死ぬ。**私を死に至らしめた者たちを赦す！** 私の血がフランスの上に降り注がれないよう神に祈る。

最期まで毅然とした態度だったルイは、**ギロチンでその首を落とされた。** 三八歳だったよ。

ルイ――――!!

歴代の王は死ぬ間際、さまざまな罪に対して神の赦しを乞うてきた。だが王政を途絶えさせたルイは妻を愛し、愛人を作らず、**自らが人々を赦して**この世を去った。

さんざん赦しを乞うてきた国王が**赦す側に立った**時、もう**王政は終わっていた**のね……。

ああ。立っている場所は**断頭台**なのだから。

遺された家族

ルイの処刑後、妻マリーはコンシェルジュリー監獄で日々を送った後、一〇月一六日に**断頭台へ上った。**まだ三七歳だったよ。

マリーちゃ――ん!!

フランスへの裏切りだけでなく息子への**近親相姦**の罪まで着せられた彼女は、議場でこう言い放った。

マリー・アントワネット

あなた方は私を処刑することも命を奪うこともできますが、**決して裁くことはできません。**

うぅ、マリーちゃんの王妃としての威厳は誰にも奪えなかったのよ。

約二年後、ずっと幽閉されていた**一〇歳**の息子**ルイ・シャルル**が、結核にかかり命を落とした。彼は名目上、王党派によって父の死後に即位したものとみなされ**ルイ一七世**とも呼ばれる。それでも二度と、**タンプル塔から出ることはなかった**けれど……。

うぅ、**小学生**をそんな目に遭わせる革命なんやねん。

長女の**マリー・テレーズ**は生き残り、亡命生活を送った後にいとこの**ルイ・アントワーヌ**（アルトワ伯の息子）と結婚。子供はおらず、**七二歳**まで生きたよ。

よかったー！

ちなみにルイ一六世夫妻が処刑されたのと同じ年、亡命貴族を支援していた**デュ・バリー夫人**もまた**革命派によって処刑されている。**五〇歳だったよ。

ルイ一五世の愛人だった夫人！　革命の魔の手がそこまで広がっていたなんて。

ブルボン朝の終わり

王位を失ったブルボン家だがこれで終わりではなかった。**ルイの弟たちがいるから。**

あ、**すぐ逃げた人たち！**

ルイ亡き後、革命戦争の英雄**ナポレオン・ボナパルト**が**初代フランス皇帝**となる。だが、ナポレオンがロシアに敗戦してエルバ島に流刑になると**王政復古**。ルイの弟プロヴァンス伯が**フランス王ルイ一八世**となる。

ナポレオンが出てきたと思ったら、**ブルボン王家が復活**したやん！

絶対王政ではなく立憲君主制だけどね。しかし、**ナポレオンがエルバ島から帰還**するとルイ一八世は再びフランスを**脱出**。わずか**一年たらず**の王位だった。

脱出してばっかりか。

ルイ18世。1755～。プロヴァンス伯。ルイ16世の弟で、亡命には慣れている。

再びナポレオンが敗北してセント・ヘレナ島に流刑になるとルイ一八世は**帰国**し、**玉座に復帰**。

フットワークの軽さなんやねん。

復帰から九年後、ルイ一八世は**糖尿病、肥満、痛風や壊疽**が重なって死去。六八歳だったよ。

重なりすぎ！

一八世は子供がいなかったので、今度は末弟の**アルトワ伯**が即位して**シャルル一〇世**となった。革命を起こさせないよう国民を抑圧する反動政治を行ったため、**七月革命を起こされて退位**を余儀なくされた。

シャルル10世。1757～。アルトワ伯。ルイ16世の末弟で、マリー・アントワネットの遊び仲間だった。

お兄ちゃんから何も学ばなかった男。

立憲君主としてのブルボン朝も終わった。シャルル一〇世には息子がいたが、孫に男子がいなかったため、**フランスのブルボン家**はここで終わっている。フランスをヨーロッパ随一の大国にした功績とともに。

ブルボン家、それは本当に**絶対王政の繁栄と崩壊のドラマ**だったわ。宮廷を脱走、幽閉先を脱走、パリから逃亡、フランスから**亡命**。

全部逃げてるな。

ヴァレンヌ逃亡事件は失敗したわよ。

なにかと逃げて来たのに**逃亡に失敗したら王政も終わった**とも言えるのか。何が原因で終わるかわからない、歴史の面白いところだな。

もっと続いてほしかったわ。そうすればルイ一六世は、**タンプル塔の本を全部読んだ**のに。

それは間違いないけども！

ブルボン家家系図

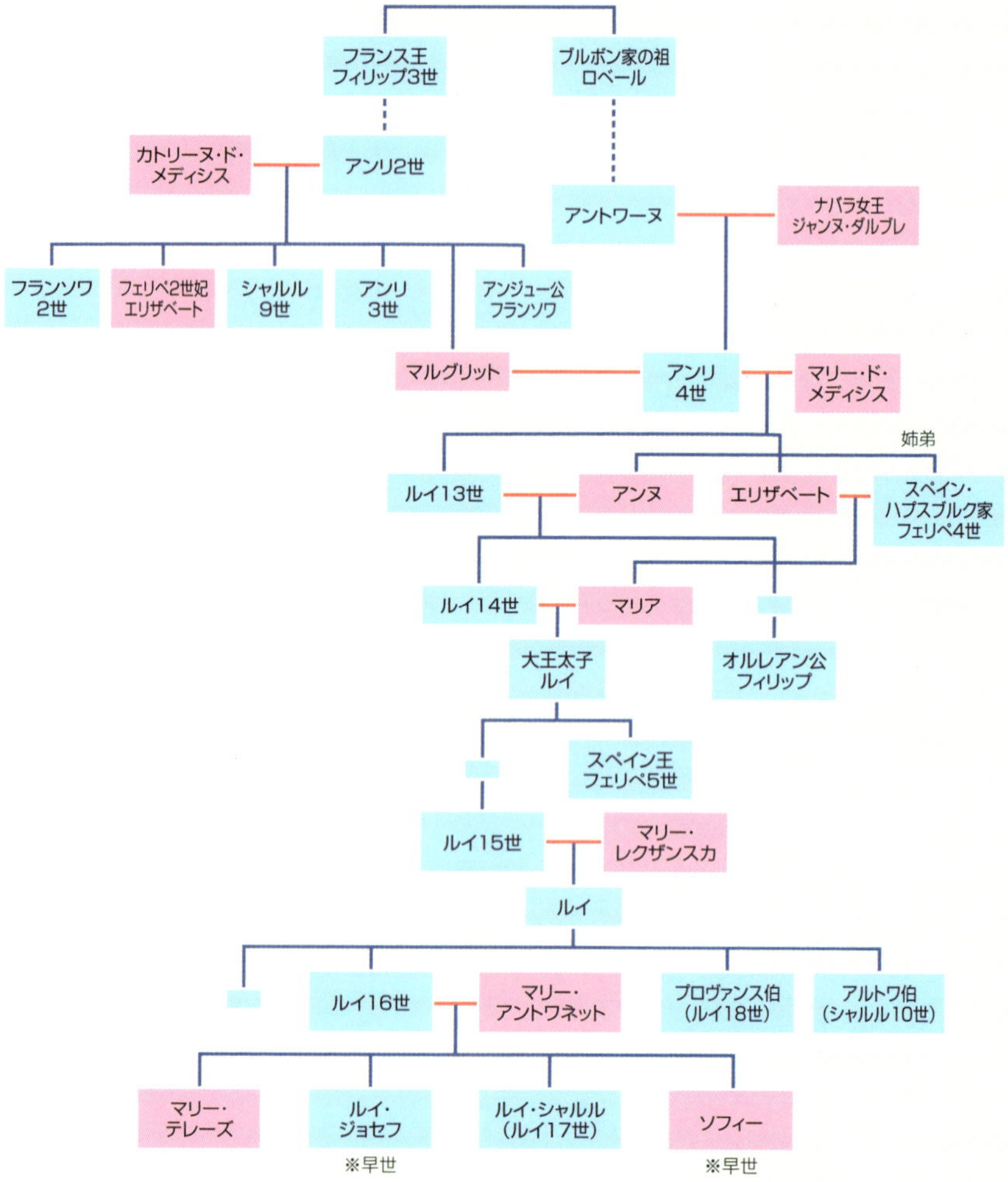

フランス王
フィリップ3世
ブルボン家の祖
ロベール
カトリーヌ・ド・
メディシス
アンリ2世
アントワーヌ
ナバラ女王
ジャンヌ・ダルブレ
フランソワ
2世
フェリペ2世妃
エリザベート
シャルル
9世
アンリ
3世
アンジュー公
フランソワ
マルグリット
アンリ
4世
マリー・ド・
メディシス
姉弟
ルイ13世
アンヌ
エリザベート
スペイン・
ハプスブルク家
フェリペ4世
ルイ14世
マリア
大王太子
ルイ
オルレアン公
フィリップ
スペイン王
フェリペ5世
ルイ15世
マリー・
レクザンスカ
ルイ
ルイ16世
マリー・
アントワネット
プロヴァンス伯
(ルイ18世)
アルトワ伯
(シャルル10世)
マリー・
テレーズ
ルイ・
ジョセフ
※早世
ルイ・シャルル
(ルイ17世)
ソフィー
※早世

第4章

他にもある！おもしろ王家

第4章 他にもある！おもしろ王家

最後の章では、世界の**おもしろ王家**を四つほど見て行こう。**ソフィアと一緒に。**

ソフィアちゃん来てくれたのねー！

玉座とイケメンを探しに来た。**銃兵隊**も用意している。

国とイケメンを陥落させようとしているわ！

イケメンに**武力**いらないだろ！

ビザンツ帝国・ニケフォロス家

まずはビザンツ帝国の**ニケフォロス家**だ。ニケフォロス朝を築いた一族で、前作の本に登場した**アンゲロス家**から三〇〇年ほど前になるよ。

全員無能のアンゲロス家ね。あれは王朝が**一九年**で終わっちゃったけど、こっちは長続きしたのかしら。

ソフィア・アレクセーエヴナ。1657～。ロシア帝国・ロマノフ家の皇女で、よつば ch のアイドル。異母弟のピョートル大帝に幽閉された。

三人の皇帝を輩出し、**一一年**で終わった。

早あああ！

帝位を奪うチャンス。

時代は八〇二年。この時はイサウリア朝の**エイレーネー**がビザンツ帝国で初の**女帝**として君臨していた。エイレーネーは息子の**コンスタンティノス六世**から帝位を簒奪し、目をくり抜く**摘眼刑に処した上で追放**した人だ。

強いいいい！

女帝は**そうこなくっちゃな。**

だが、彼女の即位を認めないローマ教皇**レオ三世**は、コンスタンティノス六世の後継として**フランク国王カール**をローマ皇帝として戴冠させた。このため彼は**カール大帝**と呼ばれ、**西ローマ皇帝**となっている。

おい、**ワシも戴冠しろ。**

レオ三世

ひいいい！

レオ三世を脅さないでソフィアちゃん！

カール大帝。742～。フランク国王で、西ローマ皇帝として即位した。顔立ちが整っていそう。

当時の地中海世界では**皇帝は一人だけ**とされていた中、新たな皇帝の出現にエイレーネーは、カール大帝と**結婚することにした。**

急な**ロマンス**!! カール大帝が**ちょっとイケメン**だからでは?

カールも乗り気だったが反発が起き、宮廷クーデターによって**エイレーネーは廃位された。**

エイレーネーちゃーーーん!

ワシがカールと結婚しよう。

玉座とイケメンを**両方手に入れる**のね、ソフィアちゃん!

勝手に**新たなロマンス**を始めるんじゃない。このクーデターによって新たな皇帝となったのが**ニケフォロス一世**。ニケフォロス朝の始まりだ。

ここで始まるのかー、きっと王家の血を引く人なのね。

いや、彼は四二歳の**財務長官**だった。

公務員!

年代記作家テオファネスによる、ニケフォロス一世の評価を聞

ニケフォロス１世。760年頃～。信仰などの違いから年代記作家テオファネスには嫌われている。

いてみよう。

テオファネス「**暴君、ケチ。恥知らず。**」

「**評価低い**んかい！」

テオファネス「**大食らい、雑食性。**」

「べつにいいやん！」

「だが研究により、現在はニケフォロスの**評価がかなり上がっている**。即位後すぐ、彼はエイレーネーの時代から続くアッバース朝カリフへの貢納金を中止。しかし、カリフのハールーン＝アッラシードに侵攻されて**敗北**。」

「いや敗北するんかい。」

「ワシなら**素手で勝つ**。」

「危うく**捕虜になりかけ**て、また貢納金を余儀なくされた。だが、ニケフォロスはエイレーネー時代に困窮していた財政を改革し、帝国の防衛体制を見直して軍事力も回復させた。財政でも軍事でも帝国の立て直しに貢献しているのさ。」

「すごいわね、評価が上がってるだけあるわ。」

「奴隷を買うときは、一人につき一**「ノミスマ」**を課税したという。」

平松のワンポイント

【ノミスマ】
ローマ帝国のコンスタンティヌスが発行した金貨をソリドゥス金貨と言います。そのギリシア語にあたる呼称がノミスマです。東ローマ帝国でも継続して用いられました。ドルを＄と表記するのはソリドゥスの頭文字のSからきています。

そんな**よくわからない課税**をされてもなぁ。

やがてブルガリアが勢力を伸ばし、ビザンツ帝国の脅威となっていく。

ワシのカールは何をしている？

カールは皇帝を称することをニケフォロスに認めてもらいたがっていたが、ニケフォロスは**無視**。八一一年七月、ニケフォロスは息子の**スタウラキオス**とともにブルガリアへ進軍した。

息子、**恐竜みたいな名前**ね。

ヨーロッパ側やアジア側の軍も動員された大規模な遠征だった。ブルガリアの君主**クルム**は粗野で攻撃的な人だったが、あまりの大軍に驚いて**和平を求めた**という。

今度は勝てそうだわ。

ニケフォロスは和平を**拒否**し、進軍を続けた。ブルガリアの王都プリスカにあったと思われるクルムの宮殿で宝を略奪し、火を放ったという。クルムは和平を提案したが**また拒否**。

どんだけ拒否すんのよ。

年代記作家テオファネスは、皇帝の戦いについて**嘲笑気味**にこう書いている。

テオファネス：ニケフォロスは落馬して**足を骨折した（笑）**。

この人、ほんと**ニケフォロスのこと嫌い**なのね。

ニケフォロスは**調子こいていた**が山岳地帯でブルガリア人たちに柵で道を塞がれると立ち往生し、包囲されて**敗北**。

全然勝てないんですけど！

ニケフォロス一世は、**戦死した**……。逸話ではニケフォロスの頭蓋骨は**銀箔が貼られて祝杯にされ**、クルムはそれを使って**お酒をふるまった**という。

ニケフォロスー!!　うぅ、**頭蓋骨をデコレーション**するなよ。

酒を一杯もらおうか。

まぁ銀箔頭蓋骨は後年の創作だと言われているよ。ニケフォロスは、戦争はイマイチだったが国を建て直した名君として約**九年**の在位を終えた。五一歳頃だったよ。

一一年しかない王朝がもう**九年終わりましたけど！**

帝位は**恐竜っぽい名前**の**スタウラキオス**が継いだ。生まれた時は普通に**公務員の息子**だったせいか、**年**

齢は不明だ。

公務員の息子も年齢を記録してあげて。

彼は八〇七年にエイレーネーの親戚だった**テオファノ**と結婚、クルムとの戦いでは**重傷を負っていた。**

即位した時、**既に重傷！**

トドメを刺して玉座を奪おう。**どこの病院にいるんだ。**

ビザンツの病院を襲わないでくれ。なんとか帰還したスタウラキオスは後継者を決めるが、彼は子供がいなかったので候補となったのは妹プロコピアの夫**ミカエル**だった。しかし、皇后の**テオファノが反対。**

ミカエルは一族の血を引いてないから反対したのね。

いや、テオファノは**自分が女帝になりたかった**のさ。

理由それ!?

気持ちはわかるぞ。

内乱が起きることを危惧したスタウラキオスはミカエルを**ミカエル一世ランガベー**として即位させ、自分は退位した。わずか**二か月ちょっとの在位**であり、スタウラキオスは**翌年の一月に亡くなった。**

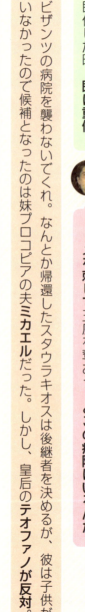

悲しいわねー。

新しい皇帝ミカエルはおそらく四一歳頃とみられ、**性格が弱くて有力者の言いなり**だった。

すぐ妥協する統治スタイル!?

軍や官僚、聖職者などに**すぐ譲歩した**という。そして、ニケフォロスにずっと**無視**されていた**カール大帝**を皇帝だと認めている。八一三年五月、再び侵攻してきたブルガリアのクルムと、アドリアノープル付近のヴェルシニキアで**会戦した**。

がんばれミカエルー！

だが、ビザンツの軍を率いていた長官**レオーン**が、ヨーロッパ側の軍に従うことを拒否して**後退**。ミカエルは**大敗した**。

レオーン何してんのよ！　そんで**いつも勝てない**な！

ミカエルは**廃位**され、レオーンに帝位を譲った。治世は二年弱で終わり、ミカエルには息子がいたが**去勢**されたという。

急な**宦官**。

宦官なのか。

去勢したら自動的に宦官になると思うな。一一年のニケフォロス朝は幕を閉じ、ミカエルはその後も七四歳まで生きた。

では**カールのところへ行ってくる。**

まだ4章は終わってないから**カールと結婚しないでー!**

カール大帝はニケフォロス朝が終わった翌年には亡くなっている。**七一歳**だったよ。

ジジイじゃねぇかーー!!

ニケフォロス家家系図

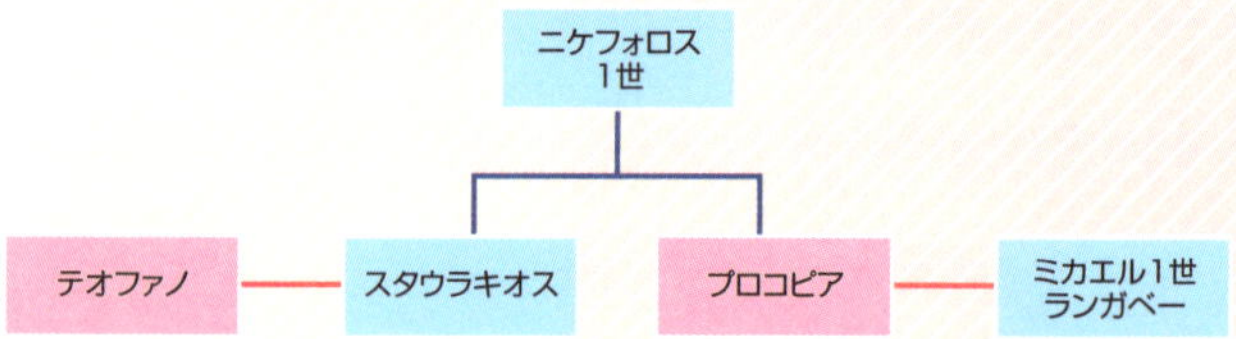

シッキム王国・ナムゲル家

続いてはシッキム王国の**ナムゲル家**。**ロマンス**で話題になり、王国が終わると**ロマンスも終わった王家**だ。

今度こそ**ワシのロマンス**はあるのか。

一六四二年、チベット仏教ゲルク派のダライ・ラマ政権によってチベットが統一された。その時、ゲルク派と対立していたニンマ派チベット人が亡命して建国したのが**シッキム王国**だ。初代国王**プンツォ・ナムゲル**以来、**ナムゲル家**が王位を継承していたのさ。

チベット人の王国なのねー。

いや、シッキム南部の都市ダージリンがイギリスに割譲され、そこに送り込まれたネパール人労働者がシッキムにも流れ込んだため、**国民のほとんどがネパール人**になった。

それはもうネパールやん。

シッキム王国は周囲をインドやネパール、チベット、ブータンに囲まれ、たびたび領土を狙われてきた。一九四七年にインドがイギリスから独立するとさらに危機的状況となったが、一一代目国王**タシ・ナムゲル**が親インド政策を採ってなんとか独立を維持していたのさ。

ちょっと侵攻すれば**すぐ手に入りそう**だな。

ソフィアまで領土を狙わないでくれ。そんな中で一九五九年、タシの息子で王太子の**パルデン**が**ホテルのバー**で、アメリカ人女性**ホープ・クック**と**恋に落ちた**のさ。

素敵だわ、ロマンチックねー。

どこのバーだ、**すぐ教えろ**。

ダージリンのウィンダミア・ホテルだけど行かないでくれ。ホープは旅行中で、この時の彼女は**一九歳**、パルデン王太子は**三六歳**で**三人の子持ち**だった。

すぐ別れろ。

既婚者ではない。妻とは死別していたよ。約四年後、パルデンはホープに**プロポーズ**をし、**結婚**。一般人女性がプリンセスとなる、まさに**シンデレラストーリー**として話題になったのさ。

おめでとうー！

くっそぉぉ**先を越されたぁぁぁ!!**

パルデン・トンドゥプ・ナムゲル。1923～。12代目シッキム国王。右は妻のホープ・クック。1940～。美人！

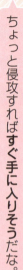

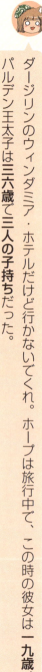

だが、ホープはパルデンの**不都合な真実**を何も知らなかった。

子供がいることを隠してたなんて許せん！

そこじゃねぇよ！　王国はかろうじて存続しているだけであり、アメリカ人であるホープとの結婚は**国民にも歓迎されておらず**、パルデンの側近が**デマ**を流したりした。

側近　ホープは**CIAのスパイ**だ。

側近がデマを流す王国なんなの。

占星術師　今年は**結婚には不吉な年**だ。

誰やねん黙れ。

結婚後、間もなく父親のタシ王が亡くなり、パルデンが**一二代目シッキム国王**として即位。パルデンは父親とは違って**反インド政策**を採った。これは戦争を危惧する国民の反発を招き、民主化と**王政の廃止**を求める動きへと発展。困難な状況により、パルデンは**お酒に溺れていく**。

お酒に逃げるなよ！　そういえばホープちゃんとの出会いも**バー**だったから**最初から酒好き**やな！

ホープは**精神安定剤**に依存するようになる。

アヘンじゃなくて良かった。

他にもホープが好きだったのは**タバコ**、**コンソメ**、**バナナ**だったらしい。

謎の組み合わせね。

夫妻は国を立て直すため**アメリカ**に向かった。

おぉ、外交同盟を結ぶのね。

シッキム王国の民族衣装をモチーフにした**商品を売ろうとした**のさ。

商売のためかよ！

だが、うまくいかなかった……。

シッキムの商品、**人気ないー！**

一九七五年、**インド軍がシッキムの首都ガントクに突入**し、王宮の親衛隊を鎮圧。パルデンたちは**軟禁下**に置かれた。

大丈夫か**ホープちゃん――！**

パルデンの心配もしろよ。翌日にはシッキム王国の国会において**王政の廃止とインドへの併合**が決まる。王国と、ナムゲル家の王朝は**滅亡**した……。

早く言えよ、**ワシが先に鎮圧しといたのに！**

ソフィアちゃんの領土になる道もあったわ。

どっちにしろ王朝は終わるじゃねぇか！　シッキム王国の滅亡後、パルデンは**アメリカに亡命**した。

滅亡は残念だけど、アメリカで仲良く暮らしてね。

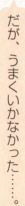

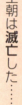

いや、ホープは**パルデンを見捨て**、彼女が産んだ二人の子供とともにニューヨークへ渡った。

パルデンが国王を退位したから見捨てたんじゃない、**アルコール依存症だから**でしょうね。

一九八〇年に**離婚が成立**し、二年後にパルデンはがんでこの世を去った。五八歳だったよ。

お疲れさま。アメリカで**商売に失敗した**こと忘れないわよ。

ホープは今（二〇二四年十月現在）もアメリカで存命であり、パルデンと最初の妻の間に生まれた次男**ワンチュク**は**第一三代シッキム国王を自称**している。ナムゲル家は現在でも世界で**農園**や**ホテルなどを経営**しているというからお金持ちなのだろう。

商売に成功してるやん！

ワシのロマンスは成功してないぞ！

ナムゲル家家系図

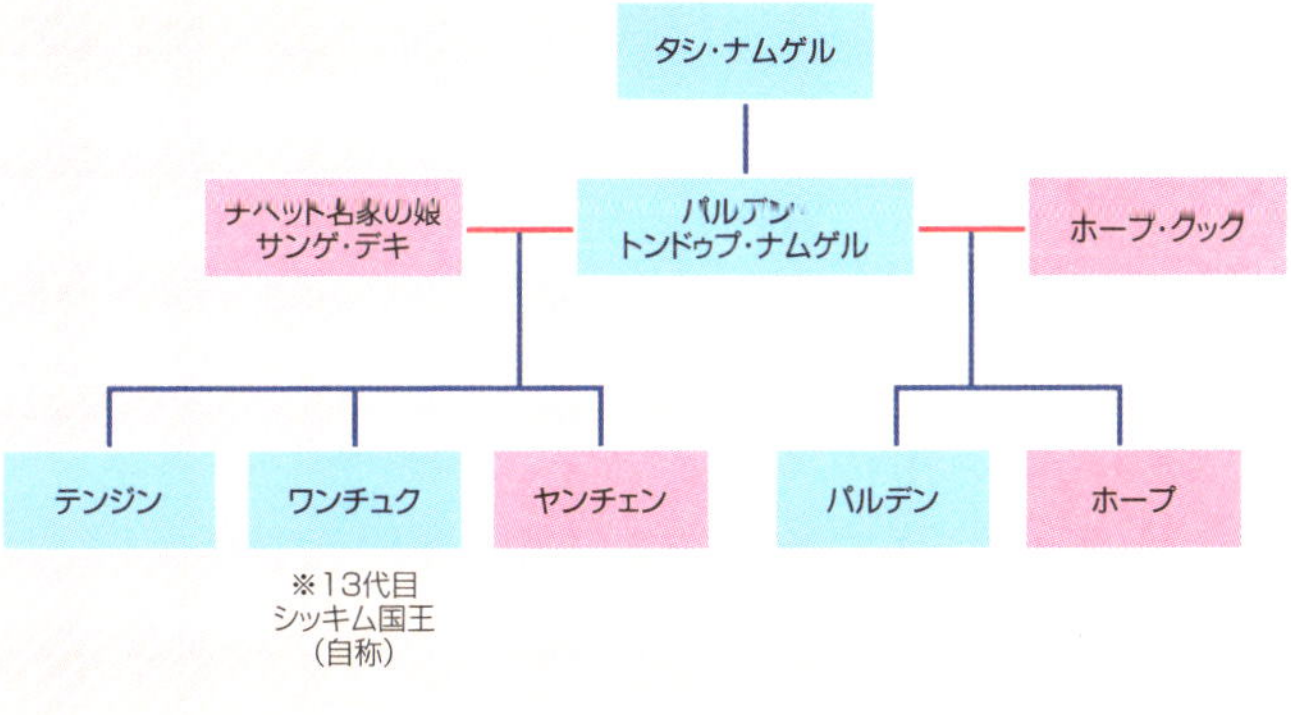

メキシコ帝国・イトゥルビデ家

続いては**メキシコ帝国**の皇家だ。

メキシコって帝国だったの？

ああ、メキシコは二度の帝政を敷いているが今回は第一帝政で、その皇家は**八か月で滅亡**した。

早ぁ――！

玉座を**奪う価値**あるのかそれは。

滅亡から少し遡って見ていこう。当時メキシコは**スペインの植民地ヌエバ・エスパーニャ**だったが、一八一〇年に**独立運動**が始まる。独立を求めて反乱が起き、鎮圧に動いたスペイン軍の中にいたのがスペイン王党派将軍**アグスティン・デ・イトゥルビデ**。後の**メキシコ皇帝**だ。

でも**八か月だけ**でしょ。

彼は一五歳の時に**スペイン王都派軍**に入隊し、**学業は放棄**している。

中三で高校進学よりも就職を選んだのね。

ワシの銃兵隊に**入ってもいいぞ**。

アグスティン・デ・イトゥルビデ。1783～。
メキシコ皇帝アグスティン１世。

有能な総司令官としてメキシコで独立軍と戦い続けたが、**告発**があったため一八一五年に**解任された**。

クビになっとるやないか！　さては戦闘で残虐なことをしたのかしら。

告発

アグスティンは羊毛や砂糖などの**販売を独占**し、町の**商業を破壊**。

戦いと関係ないんかい！

職権乱用や**横領の罪**で解任された。

軍人の解任理由じゃない。

しかし一八一六年、三三歳のアグスティンは再び司令官として北部メキシコのスペイン軍を任された。任務は**ビセンテ・ゲレロ**が率いる**反乱軍を鎮圧**すること。

頑張れー！　今度は横領するんじゃないわよ！

だが、やがて**ゲレロに寝返った**……。

こいつだけは**司令官にしちゃダメ**だったー！

彼はゲレロと一緒にメキシコ独立計画「**イグアラ綱領**」を広めた。これはメキシコにおいてスペイン人と現地人が平等の権利を有する等の保守的なもので、それまでバラバラだった各地の独立軍を共闘させるのに役立った。ついに一八二一年、スペインは**メキシコ独立を宣言するコルドバ条約に署名**したのさ。

独立おめでとうー！

こうして独立へと導いたアグスティンが、**メキシコ皇帝アグスティン一世**となった。最初はスペイン王党派として、その後はメキシコに寝返りながら**一一年に及ぶメキシコ独立運動に関わり続けた**彼は、ついに**帝位を手に入れた**のさ。

ちょうどよかった、**銃兵隊を派遣して帝位を奪おう。**

待ってソフィアちゃん！ スペインを裏切ってまでメキシコ独立に味方した人だから、きっと**優しくて良い皇帝**になったと思うのよ。

いや、アグスティンは多くの議員を**逮捕、投獄して迫害**した。

なんで**態度ひどい**の！

君主制ではなく共和制を望む派閥や、スペイン・ブルボン家から王を迎えるべきという派閥が**邪魔**だったんだよ。

スペインの軍人なのに**メキシコの独立に協力した**かと思ったら**迫害。**この人、**ずっと行動がブレブレ**ね！

彼はとりあえず**有利な方**を選んでいただけなのかもしれない。

自分の利益が一番かよ。

そりゃ**横領**するはずだ。やはり**ワシが統治すべき。**

結局、アグスティンはわずか**八か月で退位**を余儀なくされた。メキシコは**共和制**となり、**イトゥルビデの王朝はここで終わった**のさ。

一年もやってた独立運動は、早すぎる退位への**ネタふり**だったんじゃないかと思えてくるわ。

ネタふりが長すぎる。円満退位であり、他国へ亡命する代わりに生涯にわたって年金が約束されていた。

円満退社みたいに言われてもなぁ。

イタリアに渡り、次にアメリカに行って**自叙伝**を出版。一方、メキシコではまだアグスティンを支持する国民が復帰を求めるデモを起こしていたので、危惧したメキシコはアグスティンを**国家の敵**と定めた。

せっかく円満退位できたのに残念ね。

メキシコ議会

もしアグスティンがメキシコに足を踏み入れたら、**誰でも彼を殺してOK**とする。

そこまでするなよ！ アグスティンはもうメキシコに戻れないわね。

アグスティンは、**メキシコに帰ってきてしまった。**

こいつ**逆のことしかしない――!!**

アグスティンは自分が国家の敵になっていると知らず、**支持者からの帰国要請**に応えてしまったのさ。

帰国要請、**ただの罠**やん!

アグスティンはメキシコに上陸すると、すぐ捕まって**その場で処刑**された。まだ四〇歳だったよ。

誰でも殺してOKだから処刑も**話が早い!**

彼の最期の言葉を聞いてみよう。

アグスティン一世

メキシコの皆さん、私は**あなたたちを助けに来たために死にます**。

ちょっと**メキシコ人のせい**にしてない? 支持者の罠のせいではあるけど。

アグスティン一世

私は裏切り者ではなく名誉のために死ぬ。この汚点は私の子どもたちや子孫に残ることはありません。

こうして彼は**銃**によって命を落とした。

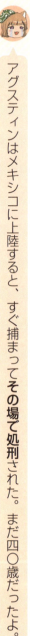

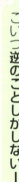

銃兵隊がやったのか？

ほんとに派遣してたのね、ソフィアちゃん。

アグスティンの**九人**の子供たちは無事だったよ。

多いな。

行動がブレブレの人だったが、**だからこそメキシコを独立へと導くことができた**のだろう。その功績は間違いなく大きい。

ブレなければ**高校に行ってた**かもしれないものね。

そこからかよ。

共和制で**玉座がなくなった**じゃねぇか！　早く帰って来い銃兵隊、**クーデター起こすぞー!!**

どこかの国でクーデター起こす準備しないでー！

イトゥルビデ家家系図

アグスティン・デ・イトゥルビデ（アグスティン1世）― アナ・マリア

- アグスティン・ヘロニモ皇太子
- サビナ
- フアナ
- ホセファ
- アンヘル
- マリア
- マリア・デ・ロス・ドロレス（※早世）
- サルバドル
- フェリペ
- アグスティン（※退位後に誕生）

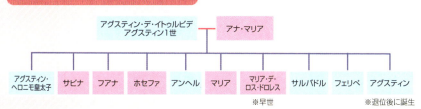

オスマン帝国・オスマン家

続いてはオスマン帝国の**オスマン家**だ。一三世紀末に建国された**オスマン帝国**が二〇世紀に滅亡するまで実に**六二三年**、君臨し続けた**スルタン（皇帝）一族**なのさ。

ロマノフ朝でも三〇〇年なのにそれより長いとは気に入らん。**滅びろ。**

そんな偉大な家系でありながら**相続が適当**すぎて、五代目の時に**一〇年に及ぶ後継者争い**を勃発させているんだ。

長いな。

イスラーム世界の君主は一夫多妻で、多くの妻や愛人を持っていて**子供も多い**。しかし**長男も末っ子も関係なく**、しかも**第一夫人の子**だろうが**愛人の子**だろうが**関係なく相続権**があったんだ。

そんなの**争いが起きないわけない**でしょ！

いや、いつも争いが起きるわけじゃなかった。たいていは息子の一人が**明らかな後継者候補**であり、スルタンが死ねばその側近たちが即位を取り計らってくれたのさ。

後継者候補を**始末**すればいいだけじゃねぇか、**簡単な話だ。**

どういう話!?

一五世紀、四代目スルタン、**バヤジット一世**には早世した子も含めると少なくとも**一二人の息子**がいた。

嫌な予感しかない。

一四〇二年、中央アジアから西アジアにかけて広大な領域を支配していた**ティムール**と争った**アンカラの戦い**で、捕虜となったバヤジット一世は八か月後に亡くなった。四三歳だったよ。

八か月って**アグスティンの在位**よ、その間ずっと捕虜だったなんて大変ね。

毒で自害もしくは**痛風**だったと言われる。こうして彼は、**後継者を決める前にこの世を去った**……。

なんで**一番大事なことを決めてないのよ!!**

平松のワンポイント

【ティムール】
チンギス・ハンの子孫と称してモンゴル帝国の復活を目指したモンゴル＝トルコ系の人物です。１代で現在のアフガニスタン・イラン・イラクにまたがる大帝国を建設しました。元を滅ぼした明に対して復讐を宣言し、永楽帝との決戦を目指しましたが、途中で病死してしまいました。

捕虜になってたから仕方ないだろ。

八か月の間に決めとけ！

こうして他国も巻き込んだ激しい後継者争いに突入する。

バヤジットが**メモ用紙**に後継者の名前を書いてくれていたら……。

ワシの名前を書くように脅しとくべきだった。

ソフィアの名前が書いてあったら**余計に揉めるだろ！**　そして、息子の中で優位に立ったのは長男で二五歳頃の**スレイマン**だった。彼はアンカラの戦いに従軍していたが逃亡に成功し、帝国におけるヨーロッパ地域の支配者となったのさ。

さすが長男。

だが、やがて小アジア地域で弟の**イーサー**と**メフメト**が台頭してきた。さらに別の弟**ムスタファ**も機会を伺っていたのさ。

兄弟が多いから**どんどん出てくる。**

メフメト。1386～。兄弟愛など知らない。父の突然の死により分裂したオスマン帝国を再建。

まだ幼かった末弟の**ムーサー**は兄メフメトの保護下にあり、**実質は捕らわれの身**だった。

ワシも弟を捕まえたい。

※ピョートル大帝のことです

最初の武力衝突は一四〇三年、小アジアの支配を争った**イーサーとメフメトの戦い**だ。この時イーサーは**二三歳**、メフメトは**一九歳**頃だ。

若いから兄弟で争うより**大学に行った方がいい**わよ。

キャンパスライフを選ぶわけないだろ。この戦いに勝ったのは……**メフメト**だった。

弟が勝ったー！

敗れたイーサーは**ビザンツ帝国**の首都コンスタンティノープルに逃亡。この頃のビザンツ帝国は**パレオロゴス朝**で、皇帝は**マヌエル二世**だ。ビザンツ帝国にとってはオスマンが内乱で揉めていてくれた方が助かるので、**イーサーを支援**して再度**メフメトと戦わせることにした**。こうして、**イーサーは再びメフメトに挑んだ**のさ。

頑張れ―――！

イーサーは**敗北した**……。

弱ああ！

ビザンツの支援もショボかったんだろうな。

この時のビザンツは**滅亡直前**だからショボくてもおかしくないな。イーサーは逃亡したが、**公衆浴場**でメフメト軍に捕らえられた。

お風呂入ってる場合か！

イーサーは**絞首刑**で命を落とした。まだ二三歳だったよ。

容赦を知らない……。

連勝したメフメトは小アジア全域を支配し、ブルサ（現在のプルサ）で**父親の葬儀**を執り行った。

お葬式を後回しで兄弟ゲンカしてたんかーい！

こうしてメフメトは**スレイマン**のライバルとなった。

スレイマンの存在を忘れてたわ。バヤジット一世の長男よね。

スレイマンがブルサへ進軍すると、メフメトは逃亡してアンカラの砦に**立てこもった**。スレイマンは小アジアの西部を手に入れたものの決着はつかず、そのまま**六年間**も膠着状態となる。

六年も立てこもっていたら、ただの**引きこもり**やん。

ニートは追い出せ。

なんでニート扱いしてんだよ！　膠着が続いていたが一四〇九年、メフメトは軟禁していた弟ムーサーを解放して**スレイマンと戦わせる**ことにしたのさ。この時、ムーサーは諸説あるが**二一歳ぐらい**だった。

若いわね。

ムーサーは援軍を得るためワラキア公国へと赴いたという。普通に考えて三一歳のスレイマンが勝つので、戦いを長引かせるためにビザンツ帝国は**ムーサーを支援**することにした。しかし、スレイマンはビザンツ帝国に領土の割譲と引き換えに支援を求め、**ビザンツ帝国も了承**した。

ムーサーも頑張って！

翌年、スレイマンはムーサーの軍に**大勝**した。

やっぱり**アラサー**の方が強い！

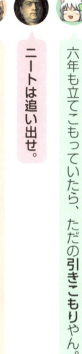

だが、それでも**ムーサーは持ちこたえ、**翌年の一四一一年二月には**反撃**に出た。

銃兵隊で支援するぞ！

それでも二三歳ぐらいのムーサーに対し、**三四歳**のスレイマンが有利なことに変わりなかった。

ムーサーはまだ**新卒**の年齢だものね、戦い慣れてないわよ。

しかし、スレイマンは**宴会などで遊びまくり、**ムーサーの反撃に**対応しきれなかった。**

おおおおい――!!

大酒を飲むなど**遊びすぎて**兵士や支持者からも**見放されたスレイマン**は、おそらく**従者のひとりに暗殺**されたという。

従者の裏切りで死んでるやん。もはや**後継者争い関係ないやん。**

やはり遊び人の将軍は見放されるのだろう。ムーサーの**勝因**は、まだ**宴会に慣れてない歳だった**ことかもしれない。

新卒の初々しさが有利に働くとは。

勝利したムーサーは、**ビザンツ帝国を攻撃**した。

なんで!?

ついでに**ビザンツの帝位も狙う**のか、**わかる**ぞ。

いや、ビザンツ帝国がスレイマンを支援したことに**ムカついていただけ**だ。

ムーサーには**合コンとか楽しい飲み会を開いてあげれば許してくれる**わよ。

宴会好きになったらどうする。ムーサーはコンスタンティノープルを包囲して**封鎖**。ヨハネスというビザンツ兵を捕虜にしたときは、ヨハネスの**首を切ってわかりやすいところに放置**したという。

若者だと思って甘く見てたわ。

ヨハネスの遺体は他のビザンツ兵によって回収されたが、**首はオスマン兵が持ち去っていた**。

持ち去ってどうするのーー！

銀箔を貼って祝杯にするんだろう。

ヨハネスの父親が、**大金を払って首を買い戻した**という。

うぅ、その費用は**家計簿にどう書くの**かしら……。

困ったビザンツ帝国はスレイマンの息子**オルハン**を**支援**し、ムーサーと戦わせることにした。

もうビザンツ帝国は介入してくんな！

オルハンは捕らえられ、ムーサーは速攻で**オルハンを絞首刑にした**……。

ちょっとは躊躇せぇよ！

もうええわ！

ビザンツ帝国は、**今度はメフメトを支援**することにした。

しかしムーサーを釈放してスレイマンと戦わせた張本人はメフメトであり、**ムーサーとメフメトは同盟を結んでいた**のさ。

仲良しなのね。じゃあ戦わせるのは無理よ。

とはいえ、**メフメトは大喜びでムーサーを始末するべく動き出した。**

兄弟愛がどこにもない!!

いつだって弟は敵なんだ。**ピョートルがそうであるように。**

メフメトはコンスタンティノープルを包囲中のムーサー軍に攻撃を仕掛けた。そして、**メフメトは負傷して逃げた**……。

弱いんかーい！

メフメトは**落ち込み**、領地のブルサへ帰ってしまった。

弟に負けて凹んどる。

しかし、翌年の一四一三年に再び**メフメトは戦いを挑んだ。**ビザンツ皇帝**マヌエル二世**が**メフメトを励ましたから**と言われる。

マヌエル二世

メフメトさまー**頑張ってえええ!!**

うるせぇ！

両軍はブルガリアの地で対決。数で不利だったムーサーの軍は圧倒され、ムーサーは馬で戦場から逃亡したのさ。

日本まで逃げておいでー！

しかし、馬が沼地に足を取られるとムーサーの背後にメフメトの追手が迫った。ムーサーは振り向きざまに刀で倒したが、別の敵兵に**腕を切り落とされて**しまう。

ムーサー――!!

ムーサーは落馬し、命を落とした。**二五歳**頃だったよ。

結婚を考えていたのに残念だ。

いつの間に**そこまで視野に入れてたの**、ソフィアちゃん。

ムーサーの遺体はメフメトのもとへ運ばれ、メフメトは弟を皇子として**丁重に葬った。**

うぅ、ムーサーが遺体になったのは**全部お前のせい**やけどな……。

一〇年に及んだ後継者争いを勝ち抜き、二七歳のメフメトはスルタン、**メフメト一世**となったのさ。

長い争いの**最終勝者はメフメト**だったのね。

ちなみにメフメトの即位後も生き残っていた弟の**ムスタファ**も帝位を狙ったが失敗している。こうして内乱を乗り越え、オスマン家の王朝はまだまだ続く。一九二二年の**トルコ革命**で**帝国が滅亡するその時まで**。

革命で滅ぶ国ってほんとに多いわね……。

ワシのロシア帝国も革命で滅んだからな。

革命で脱出に成功する王家もあれば、処刑される王家もある。オスマン家は現在でも続いているし、その運命はさまざまだ。せめて**この本は穏やかに終わる**ことを祈ろう。

結局ワシの**玉座もロマンスも見つからなかったじゃねぇか――!!**

本が穏やかに終われそうにない！

せめてイケメンの奴隷を一〇〇人ぐらい**買って帰る**。

ビザンツ帝国で奴隷を買うなソフィア！

代金に加えて**一人につき、二「ノミスマ」**……と。

ちゃんと**奴隷への税金**を払ってる！

現在も続く王国や王朝がこれからも平和に存続すること、そしてソフィアがロマンスを手に入れることを祈ろう。

玉座もな。

どこかの王朝が終わってしまうー！

オスマン家家系図

- バヤジット1世
  - スレイマン
    - オルハン
  - イーサー
  - ムスタファ
  - メフメト1世
  - ユースフ
  - ムーサー

※ユースフはキリスト教への改宗を望み、後継者争いから離脱。
死の直後に改宗し、名をデメトリオスと改める

参考文献

第1章

『英国史〈上巻〉』アンドレ・モロワ／著、水野成夫、小林正／訳（新潮社）
『図説 テューダー朝の歴史』水井万里子／著（河出書房新社）
『王妃の闘い ヘンリー八世と六人の妻たち』ダイクストラ好子／著（未知谷）
『ヘンリー八世 暴君か、カリスマか』陶山昇平／著（晶文社）
『悲劇の9日女王ジェーン・グレイ』桐生操／著（KADOKAWA）
『怖い絵 泣く女篇』中野京子／著（KADOKAWA）
『「ヴァージン（?）クイーン」エリザベス1世の生涯 煮ても焼いても食えない[女・家康]』小園隆文／著（株式会社スリースパイス）
『冬の王 ヘンリー七世と黎明のテューダー王朝』トマス・ペン／著、陶山昇平／訳（彩流社）
The Reformation in England by the King, for the King 飯塚英一
Elizabethan Parliament and Political Culture in Sixteenth Century England 松園伸

第2章

『皇帝たちの中国史』宮脇淳子／著（徳間書店）
『皇帝たちの中国 始皇帝から習近平まで』岡田英弘／著（ワック）
『西太后 大清帝国最後の光芒』加藤徹／著（中央公論新社）
『転生 満州国皇帝・愛新覚羅家と天皇家の昭和』牧久／著（小学館）
『ラストエンペラーの私生活』加藤康男／著（幻冬舎）
「アイシンギョロ aisin gioro ―愛新覚羅と愛親覚羅」『東洋史』掲載 石橋秀雄／著（立教大学史学会）（Japan Link Centerで閲覧）https://ndlsearch.ndl.go.jp/books/R000000004-I3476755
「日清講和にむけた光緒帝の政策決定と西太后」『史学雑誌』大坪慶之／著（史学会）（Japan Link Centerで閲覧）https://ndlsearch.ndl.go.jp/books/R000000004-I025378785

第3章

『図説 ブルボン王朝』長谷川輝夫／著（河出書房新社）
『聖なる王権ブルボン家』長谷川輝夫／著（講談社）
『ブルボン朝 フランス王朝史3』佐藤賢一／著（講談社）
『名画で読み解く ブルボン王朝12の物語』中野京子／著（光文社）
「トスカーナ大公国における封建貴族層 ―コジモ1世時代のモンテ・サンタ・マリア侯ブルボン家―」北田葉子／著（明治大学人文科学研究所紀要）（CiNiiで閲覧）https://cir.nii.ac.jp/crid/1050013109569353088
「Avant et après la Révolution française: Changements de regards sur le roi, la reine et les aristocrates」鈴木球子／著（信州大学総合人間科学研究）（CiNiiで閲覧）https://cir.nii.ac.jp/crid/1050007912099434240

第4章

『ビザンツ帝国史』尚樹啓太郎／著（東海大学）
『ビザンツ帝国 千年の興亡と皇帝たち』中谷功治／著（中央公論新社）
『植民地主義と国際法―シッキムの消滅』落合淳隆／著（敬文堂）
『シッキムとブータン』V・H・コエロ／著、三田幸夫、内山正熊／訳（集英社）
『物語 ラテン・アメリカの歴史 未来の大陸』増田義郎／著（中央公論新社）
『物語 メキシコの歴史 太陽の国の英傑たち』大垣貴志郎／著（中央公論新社）
『ビザンツ帝国の最期』ジョナサン・ハリス／著、井上浩一／訳（白水社）
『オスマン・トルコ 世界帝国建設の野望と秘密』ウルリヒ・クレーファー／著、戸叶勝也／訳（アリアドネ企画）
『世界滅亡国家史』ギデオン・デフォー／著、杉田真／訳（サンマーク出版）

おわりに

「はじめに」の中で、お住まいの国が滅びそうな時や革命が起きそうな時などは、ぜひ本書を参考に……とお伝えしました。実際に参考になったよという方は亡命先からご一報いただけると嬉しいです。

ブルボン家や愛新覚羅家のように、革命で滅びる国は多いです。そして、王族はピンチを迎えます。そのような時はとにかく逃げることが一番。逃げるのに成功したのが愛新覚羅家、失敗したのがブルボン家と言えるでしょう。2章と3章は、ある意味で対比になっているのです。とりあえず変装し、ひっそりと亡命して、革命の熱が冷めれば全てなんとかなります。亡命には溥儀たちのように日本に協力してもらってください。大阪の岸和田などに逃げ込むことができればもう大丈夫。だんじり祭りに紛れて時が過ぎるのを待てばよいのです。

もしも、実はヴァレンヌ逃亡事件は成功していて、しかもどういうわけか無人島で今もルイ一六世が生き延びているのが発見されたらどうでしょうか。

「革命は終わったんですか?」

と、キョトン顔で尋ねるルイ一六世を、今からでも処刑しろ！　とは誰も言いません。フランス革命の生き証人として、また尋常じゃなく長生きしている人物として大人気になること間違いなしです。ぜひ日本のテレビにも出演してほしいものですね。

革命が起きなくても王家が終わるパターンはあります。テューダー家や前作のスペイン・ハプスブルク家に見られ

るように後継者不足です。溥儀は後継者不足と革命がダブルで来たパターンですね。後継者がいなくともヘンリー八世のように無理やり離婚を繰り返し、六回も結婚しながら後継ぎを求めるような王は現代では許されません。むしろ、当時でも許されなかったのでカトリックを抜けたのです。そこはもうスムーズに兄弟や親戚の子に王位を任せ、王国を継承してほしいですね、エリザベス一世のように。後継者問題をハッキリさせておかないと継承戦争が起きてしまいますから、くれぐれもご注意ください。今思うと、夫婦仲が良くない上に男色の趣味もあったルイ一三世が二人も後継者を残していたのは、かなり王の意地を見せた気がします。妻のアンヌに冷たかったのは許さないですけども。

さて、本書も４章ではソフィアちゃんに来てもらい、短いながら世界の王家を楽しく執筆していくことができました。公務員から皇帝になったニケフォロス家。バーというお酒を飲む場で出会って結婚、アルコール依存症で離婚するという、バーを伏線にしていたとしか思えないナムゲル家。一一年もかけてメキシコ皇帝になったのに八か月で退位するという、ネタふりが完璧なイトゥルビデ家。メモ用紙がなかったから後継者争いが長引いたオスマン家。本当に世界には興味深い、おもしろ王家がたくさんあるのです。

この本を手に取っていただいた方々はもちろん、二冊目を出せるほど応援してくださった視聴者様、出版にご協力いただいたKADOKAWAの編集様、監修の平松健先生、図版などご協力いただいた方々やデザイナー様など、すべての方に心からの感謝を捧げます。

原稿を書いてからロンドン塔の王子たちが生きていたことを知り、いや生きてたんかーーい！　と焦って原稿を修正するなど、思い出深い一冊となりました。チャンネルでも、またお会いできることを願っています。

【著者】弥嶋 よつば（やじま　よつば）
「よつばch」を運営する、世界史ゆっくり解説系YouTuber。
学生時代に家系図に興味をもったことがきっかけで世界の王家・名家の歴史に深い関心を抱くようになり、2020年に初めて解説動画をYouTubeにアップしたところ、1か月で登録者数2.5万人となった。これまでにハプスブルク家、メディチ家、ロマノフ家などの動画が人気をあつめ、現在登録者数22万人(2024年11月)。著書に『明日誰かに話したくなる 王家の話』(KADOKAWA)がある。

【監修】平松 健（ひらまつ　けん）
河合塾世界史科講師。高校時代にポエニ戦争のハンニバルのアルプス越えに衝撃を受け大学でローマ史を学ぶ。大学在学中に塾講師のアルバイトをしたことで予備校講師を志す。その後、予備校講師として勤務する傍ら、大学院に進学し「歴史を学ぶ意味」や「暗記型授業」からの脱却を研究する。
「受験は楽しく乗り切る」がモットーで授業中は笑い声が絶えない。また、授業内容は受験に関する知識にとどまらない深い話も多く、「受験勉強以上の世界史を学ぶことができた」との声が毎年寄せられる。
著書に『改訂版 大学入学共通テスト 世界史B予想問題集』監修に『明日誰かに話したくなる 王家の話』（共にKADOKAWA）がある。YouTubeチャンネル「平松の世界史鉄則集」も好評。

明日誰《あしただれ》かに話《はな》したくなる　王家《おうけ》の話《はなし》　2冠《かん》

2024年12月3日　初版発行

著者／弥嶋《やじま》 よつば
監修／平松《ひらまつ》 健《けん》
発行者／山下 直久
発行／株式会社KADOKAWA
〒102-8177　東京都千代田区富士見2-13-3
電話 0570-002-301(ナビダイヤル)
印刷所／TOPPANクロレ株式会社
製本所／TOPPANクロレ株式会社

●お問い合わせ
https://www.kadokawa.co.jp/（「お問い合わせ」へお進みください）
※内容によっては、お答えできない場合があります。
※サポートは日本国内のみとさせていただきます。
※Japanese text only

定価はカバーに表示してあります。

ISBN 978-4-04-606786-9　C0022